Mit Ausflügen rund um
FRANKFURT AM MAIN
Stadtführer spezial

DIE AUTORINNEN

Hannah Glaser ist Absolventin der Deutschen Journalistenschule in München und schreibt als freie Autorin über Reise- und Kulturthemen. Frankfurts wilde 1980er Jahre hat sie als Lokalredakteurin der Frankfurter Rundschau hautnah miterlebt. Am *Mainhattan* von heute mag sie die Mischung aus Dorf und Weltstadt, das kreative Chaos aus Kaff und Kapitale.

Seit ihrer ersten großen Reise mit dem Rucksack, einem mehrmonatigen Trip nach Nordamerika, ist **Isabell Winkel** von www.lustloszugehen.de dem Fernweh verfallen. Ob Kitesurfen an den schönsten Spots weltweit, Tauchen mit Haien oder Europa mit dem Van erkunden – die Reisebloggerin liebt Abenteuer. Ganz nach dem Motto »Entdecken. Erleben. Erinnern. … weil wir kein zweites Leben im Koffer haben« nimmt Isa ihre Leser mit in unsere große, bunte Welt.

www.vistapoint.de

INHALT

VISTA POINTS – SEHENSWERTES

ERLEBEN & GENIESSEN

CHRONIK

SERVICE VON A BIS Z

ORTE AUS »1000 PLACES TO SEE BEFORE YOU DIE«

Zeichenerklärung

 Top 10
Das müssen Sie gesehen haben

 Mein Frankfurt
Lieblingsplätze der Autorin

⭐ **Vista Point**
Museen, Galerien, Architektur und andere
Sehenswürdigkeiten

 Kartensymbol: Verweist auf das entspre-
chende Planquadrat der ausfaltbaren Karte
bzw. der Detailpläne im Buch.

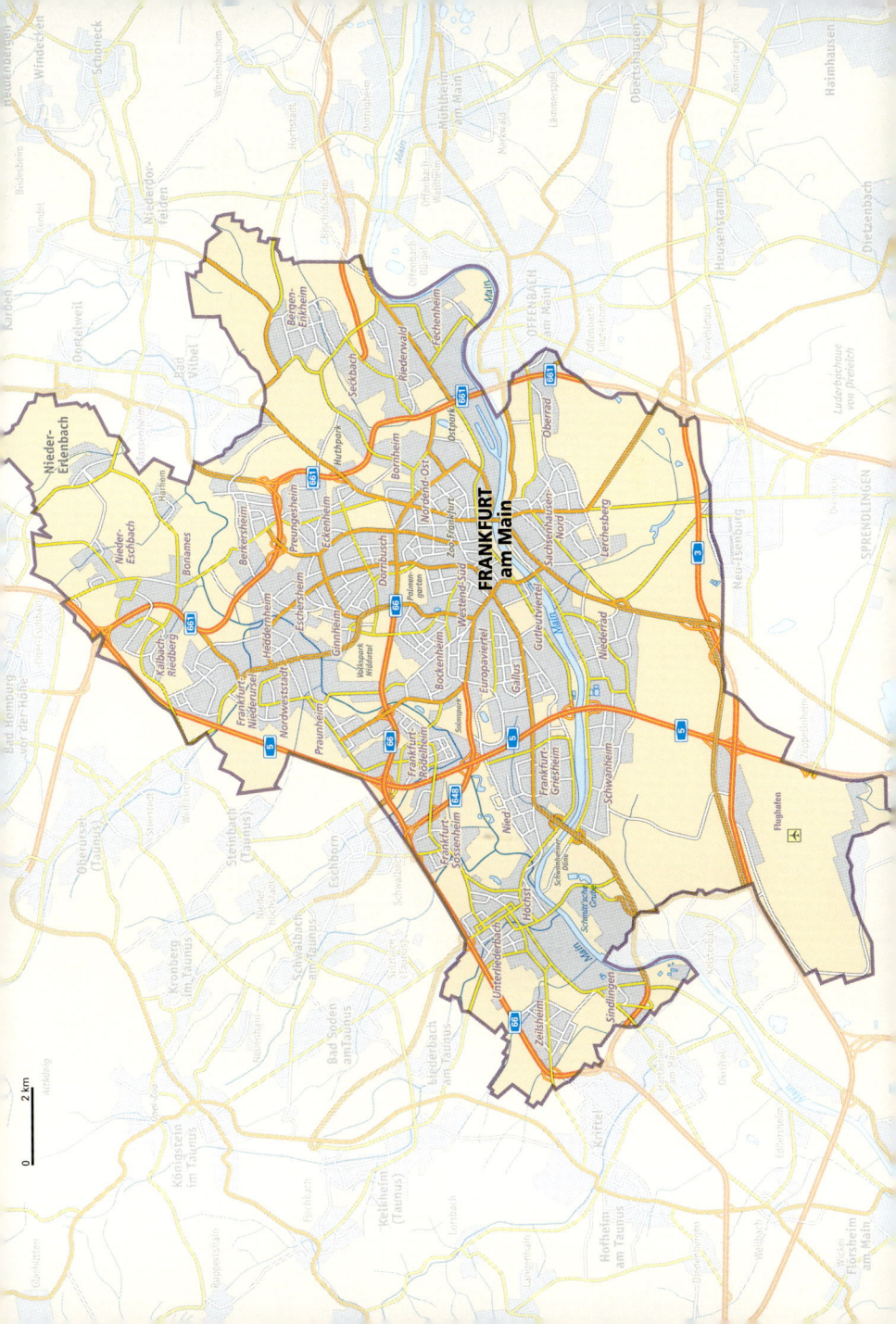

Willkommen in Frankfurt am Main

Banker aus London witzeln gern über Frankfurt – es sei halb so groß wie der Friedhof von Manhattan und doppelt so tot. Knackig formuliert, jedoch nicht wahr, zumindest nicht mehr. Zwar hat die Metropole am Main nicht die Anziehungskraft von Berlin oder München, doch der Zuzug ist groß – und das in weiten Teilen aus Überzeugung. Bei Umfragen zur Beliebtheit von Städten schneidet Frankfurt gut ab, insbesondere bei den Jüngeren.

Frankfurt liegt zentral in Europa und ist verkehrstechnisch bestens angebunden, es ist kosmopolitisch und dabei doch überschaubar geblieben. Die Stadtteile sind stolz auf ihr Eigenleben, bieten den Einwohnern Gelegenheit, sich heimisch zu fühlen, und den Besuchern eine zugängliche Vielfalt. Das sind Argumente, die zählen. Hinzu kommt die Breite und Vielzahl an kulturellen Einrichtungen. Das Clubleben boomt, große Messen wie die Buchmesse werden veranstaltet und attraktive Kunstausstellungen sowie die prachtvollen Museumsvillen am Mainufer ziehen Besucher an. Kultureller Reichtum hat Tradition in Frankfurt. Dichter und Denker wie Goethe sind hier geboren, Geschäftsleute mit Kunstsinn haben sich als Mäzene hervorgetan und die Stadt Frankfurt hat insbesondere in den 1970er bis 1990er Jahren große Anstrengungen unternommen, um die Metropole wieder zur Kulturstadt auszubauen.

Einzigartig in Deutschland ist die Skyline, die sich mit den Neubauten stetig verändert. Zu den weiteren touristischen Highlights zählen die Paulskirche als Sitz der Deutschen Nationalversammlung 1848/49, der Dom, Krönungskirche für Könige und Kaiser, das neue DomRömer-Quartier, das beliebte Stadtviertel Sachsenhausen und der riesige Palmengarten. Frankfurt – eine Stadt voller Tradition und Gegenwart, Banken und buntem Leben.

Wohl dem, der etwas Zeit mitbringt: Die Höhenzüge des Taunus und die Weinberge des Rheingau verlocken zu Tagesausflügen ins Umland, wobei die meisten Ziele auch gut mit öffentlichen Verkehrsmitteln zu erreichen sind. Der große Feldberg bietet nur gut 30 Kilometer entfernt tolle Wanderwege und Aussichtspunkte. Im berühmten Rüdesheim und anderen Orten des Rheingau kommen Weinliebhaber auf ihre Kosten.

Einzigartig in Deutschland: Frankfurts Skyline

Top 10: Das müssen Sie gesehen haben

1 Café Hauptwache
S. 12 f., 123, 153 ➡ aC4
Das Wahrzeichen der Stadt und ihre geografische Mitte war einst ein Wachlokal mit Gefängnis unterm Giebel, heute ist das Caféhaus ein beliebter Treffpunkt.

2 Goethe-Haus
S. 18, 19, 114 ➡ aD4
Hier wurde der größte deutsche Sprachmagier am 28. August 1749 geboren. Der Spülstein in der Küche stammt noch aus dem Originalhaushalt, genauso wie Schreibtisch und Arbeitspult.

3 Römerberg und DomRömer-Quartier
S. 20 ff., 135 ➡ aD5
Auf dem weiten Hügel über dem Main schlägt das Herz der Stadt mit Rathaus, Gerechtigkeitsbrunnen und dem neu erbauten DomRömer-Quartier.

4 Dom
S. 23 f.,123 ➡ aD6
Bischofssitz war er nie, dafür wurden hier deutsche Könige und Kaiser gewählt und gekrönt. Vom Turm (328 Stufen) hat man einen famosen Blick auf Stadt und Fluss.

5 Eiserner Steg
S. 25 ➡ aE5

Max Beckmann hat die Fußgängerbrücke über den Main gemalt, den Frankfurtern ist sie ans Herz gewachsen. Von der anderen Mainseite hat man den schönsten Blick auf die Skyline.

6 Museumsufer
S. 25 ff., 104 ff. ➡ aG3–aE5
In alten Bürgervillen und postmodernen Neubauten entstand am linken Mainufer eine Reihe kulturgeschichtlicher Museen mit Parks und Cafés, am Ende kommt man über den eleganten Holbeinsteg wieder zurück ans andere Mainufer.

7 Alte Oper
S. 31, 121 f., 173 ➡ aB3

1944 von Bomben zerstört und 1981 als Bühne für glanzvolle Konzerte und Veranstaltungen wieder eröffnet, mit prachtvollem Café und Blick auf die Bankentürme im nahen Westend.

8 Fressgass
S. 32 ➡ aC3/4
Die Flaniermeile zwischen Zeil und Alter Oper ist kaum 500 Meter lang, trotzdem kann man in dieser begrünten Fußgängerzone mit vielen Cafés und Feinkostläden problemlos den halben Tag vergammeln.

9 Alt-Sachsenhausen
S. 35, 36 ➡ aF/aG6/7
Vor 100 Jahren wohnten die Fischer und Färber, die Winzer und Marktweiber »dribbdebach«. Das alte Viertel blieb im Krieg verschont und

ist mit seinen kopfsteingepflasterten Gassen und »Ebbelwoi«-Wirtschaften erste Touristenadresse.

 Palmengarten
S. 37, 130 ff., 201 ➡ C/D5
Frankfurts Central Park mit Wiesen und Weiher, mit Booten, Restaurants, Tropicarium, mit Kakteengarten und dem namensgebenden Palmenhaus. Das jährliche Lichterfest ist der gefühlte Höhepunkt des Frankfurter Sommers.

Mein Frankfurt
Lieblingsplätze der Autorin

Liebe Leser,

dies sind einige besondere Orte dieser Stadt, an die ich immer wieder gern zurückkehre. Eine schöne Zeit in Frankfurt wünscht Ihnen

Hannah Glaser

 Berger Straße
S. 39, 176 ➡ E10–B13
Zwischen Merianplatz und Saalburgallee herrscht eine unangepasste, lebendige Kleinstadtszenerie mit Läden aller Art. Hier ist auch noch Platz für Krempel und Skurriles – Off-Off-Goethestraße sozusagen.

Kleinmarkthalle
S. 126 f., 183, 188 ➡ aC5/6
Nirgendwo ist Frankfurt bunter und appetitlicher: Seit über 100 Jahren wird hier auf zwei Etagen alles verkauft, was man essen kann, vom Frankfurter Würstchen bis zum türkischen Baklava – zum Mitnehmen, aber auch zum Gleichessen.

 Leonhard's
S. 151 f. ➡ aC5
Frühstück, Lunch, Kuchenpause: Schickes Selbstbedienungsrestaurant mit der schönsten Aussicht über die Dächer der Stadt. Im Sommer lockt die Skylounge unter weißen Segeln.

 Landungsbrücken
S. 170 f. ➡ K4
Auf der freien Bühne in den Landungsbrücken im »wilden Frankfurter Westen«, wie die Gründer es nennen, sorgen eigene Produktionen und Gastspiele für begeisternde und verstörende Theatererlebnisse in einer ehemaligen Lagerhalle.

 Schwanheimer Düne
S. 201 ➡ bC4
Frankfurt liegt zwar nicht am Meer, hat aber eine Düne aus der letzten Eiszeit mit bizarr gewachsenen Kiefern und einsamen Sandwegen. Man fährt mit der Straßenbahnlinie 11 zum »Bolongaro Palast«, läuft fünf Minuten zum Main und setzt mit der kleinen Fähre über. Von dort sind es noch zehn Fußminuten zum Naturschutzgebiet.

Frankfurts Zentrum mit dem Museumsufer

Vormittag
Hauptwache – Rossmarkt – Goetheplatz – Rathenauplatz – Biebergasse – Börse – Eschenheimer Turm – Zeil – Liebfrauenberg – Goethe-Haus – Paulskirche – Römer – Schirn.

Nachmittag
DomRömer-Quartier – Dom – Saalgasse – Alte Nikolaikirche – Historisches Museum – Haus Wertheim – Eiserner Steg – Museumsufer am Schaumainkai – Holbeinsteg – Kaiserstraße – Taunusanlage – Alte Oper – Fressgass oder Goethestraße – Hauptwache.

Das zentral gelegene ❶ **Café Hauptwache** ➡ aC4 ist der beliebteste Treffpunkt der Stadt. Früher kam hier allerdings kaum einer freiwillig her, denn das markige

Die Katharinenkirche und die Hauptwache vor der Frankfurter Skyline

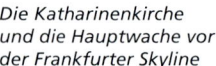

FRANKFURT AM MAIN

Frankfurt am Main, Hessen

L ange Jahre gehörte Mut dazu, sich anderswo als Frankfurter zu outen, denn die Metropole am Main galt im ganzen Land als unattraktive Adresse. Tatsächlich offenbarte sich ihre damalige Lebensqualität höchstens der

einheimischen Subkultur. Wer als Besucher keinen Insider-Zugang zu den intellektuellen Szenezirkeln hatte, lernte von der Stadt am Main nur die offizielle – und damit ihre öde und unpersönliche – Seite kennen. Selbst auf dem Frankfurter Römer, dem zentralen Platz und Herzen der City, dominierten damals Betonpfeiler und hässliche Nachkriegsbauten das Bild.

Gerade bei Nacht übt die Frankfurter Skyline eine besondere Faszination aus.

Heute ist alles völlig anders. Die ehemals als »Krankfurt« und »Gestankfurt« verrufene Stadt wurde aufpoliert und in postmodernem Baudesign neu möbliert. Mit dem einstmals höchsten Kulturetat der deutschen Städte kaufte der Magistrat lange Jahre all das hinzu, was Metropolen-Flair und City-Chic versprach: Kunst, Kultur und große Namen. Inzwischen ist die Bankenstadt bis auf wenige Randregionen und soziale Biotope neu durchgestylt und luxusmodernisiert. Aus der grauen Maus wurde ein Paradiesvogel, der auch dem Frankfurter Lebensgefühl Flügel wachsen ließ.

Längst ist das Herz der Stadt, der historische Römer mit seinen einst umkämpften Fachwerknachbauten, zum Flanierplatz der Einheimischen und zur liebsten Fotokulisse von Touristen aus aller Welt avanciert. Kulturelle Segnungen wie das Museumsufer auf der Sachsenhäuser Mainseite, das Prachtensemble

der Alten Oper mit dem Lucae-Brunnen, die postmoderne Kunsthalle Schirn und das Museum für Moderne Kunst des Wiener Star-Architekten Hans Hollein haben die Einheimischen mit dem Modernisierungswahn mehr als nur versöhnt.

Heute wird Frankfurt von vielen Besuchern beneidet: um die markante Hochhaus-Skyline, die attraktiven Kunstausstellungen und die prachtvollen Museumsvillen am Mainufer. Doch auch wenn die Mieten inzwischen ins Astronomische steigen und das schicke Mainhattan auch sonst kaum einen Superlativ auslässt, so bleibt die Großstadt Frankfurt doch nach wie vor ein provinzielles Pflaster, mehr Kaff als Kapitale – ein Blick in den Lokalteil der örtlichen Zeitungen wird jeden überzeugen.

Doch gerade diese vielfältige Mischung macht den neuen Charme des heutigen Frankfurt aus: der Kontrast zwischen Großmannssucht und Dorfidylle, das latente Chaos aus urbanem Schick und quirligem Miteinander vieler Kulturen und Lebensentwürfe, das auf einer liberalen Tradition aus Geschäft und Toleranz beruht.

INFO: Tourist Information, Hauptbahnhof Empfangshalle, 60329 Frankfurt/Main, Tel. (069) 21 23 88 00, www.frankfurt-tourismus.de.

Gebäude (Baujahr 1729) war die längste Zeit seines Bestehens ein Gefängnis. Im Gewölbekeller saßen die Schwerverbrecher ein, während die leichteren Fälle, die »honnetten Personen«, in der Beletage unter dem Dach der Mansarde unfreiwillig Kost und Logis hatten. Auch

Das Gutenberg-Denkmal auf dem Rossmarkt erinnert an den Erfinder des Buchdrucks

der berühmte Räuberhauptmann »Schinderhannes« wurde 1802 bis zu seiner Auslieferung an Frankreich hier gefangen gehalten.

1905 wurde die Hauptwache zum Kaffeehaus, 1953 nach der Beschädigung im Zweiten Weltkrieg aufgebaut und 13 Jahre später Stein für Stein wieder abgetragen: 25 Meter tiefer entstand damals Frankfurts unterirdischer Verkehrsknotenpunkt. Auch heute treffen sich hier fast alle U- und S-Bahnen, seit 1968 steht die Hauptwache wieder an ihrem angestammten Ort. Gegenüber zeigt sich mit der **Katharinenkirche** ➡ aC4/5 gleich ein historisches Schwergewicht der Frankfurter Geschichte: Hier wurde Johann Wolfgang von Goethe getauft und konfirmiert.

Wer sich jetzt nach Süden wendet und auf Frankfurts höchsten Bankenturm, die 299 Meter hohe Commerzbank, zusteuert, sieht auf den wenigen Metern bis zur Ecke Rossmarkt ein wechselndes Panorama aus Hochhausspitzen hinter der geschlossenen Fassade der sechsstöckigen Stadthäuser. Der **Rossmarkt** ➡ aC/aD4 bildet mit dem **Goetheplatz** und dem **Rathenauplatz** eine städtebaulich mäßig gelungene Einheit mit dunklem Basalt und schütteren Baumreihen. Die vier Türme, die hier auf dem ehemaligen Areal der Deutschen Bank bis

Bär und Bulle vor der Deutschen Börse – Kinder dürfen auf ihnen herumklettern

2023 unter dem Namen »Four« in die Höhe wachsen werden, sollen mit großen Terrassen und Restaurants für mehr städtisches Leben sorgen. Vorbei am Gutenberg- und am Goethedenkmal geht es am Ende des Rathenauplatzes über die Biebergasse linker Hand hinein in die Fußgängerzone der Schillerstraße.

Nach wenigen Metern markieren die Bronzegiganten Bär und Bulle den Standort der Frankfurter **Wertpapierbörse** ➡ aB4. Die beiden symbolisieren steigende und fallende Kurse und haben 1985 zur Feier des 400-jährigen Jubiläums der Börse hier Stellung bezogen. Im Innern des 43 Meter hohen Kuppelbaus am Börsenplatz werden die amtlichen Kurse für 17 Währungen täglich neu festgesetzt. Gehandelt wird hier übrigens nur elektronisch, die schreienden, wild gestikulierenden Aktienhändler auf dem Börsenparkett gibt es nur noch im Kino. Am Ende der Fußgängerzone der Schillerstraße steht der **Eschenheimer Turm** ➡ aB5 mit einem verglasten Café im Tordurchgang. Er gilt als schönster gotischer Torturm Deutschlands und entging in seiner Geschichte oft nur knapp dem Abriss.

Richtung Stadtmitte ist das **PalaisQuartier** ➡ aB/aC5 2010 komplett neu entstanden: Das knapp eine Milliarde Euro teure Bauprojekt hat der Großen Eschenheimer Straße und der Zeil ein neues Gesicht gegeben. Das 136 Meter hohe Bürohochhaus Nextower und das 99 Meter hohe Jumeirah Hotelhochhaus sehen von Weitem aus wie filigrane Papierkonstruktionen. Das barocke Palais Thurn und Taxis an der Großen Eschenheimer Straße wurde in seiner historischen Form präzise, aber verkleinert rekonstruiert – die Meinung über das Ensemble geht bei den Einheimischen ziemlich auseinander.

Hinter dem Kaufhof beginnt die **Zeil** ➡ aC5, eine Einkaufsmeile, die vor zwei Jahrzehnten noch den Flaniercharme einer Trabantenstadt hatte. Das änderte sich mit der verglasten, 1992 eröffneten **Zeilgalerie**, die jedoch 2016 entkernt wurde und jetzt mit neuer Fassade zum Kaufhof gehört. Ein paar Schritte weiter scheint das von dem italienischen Stararchitekten Massimiliano Fuksas spektakulär gestaltete Einkaufszentrum **MyZeil** die Besucher durch einen geschwungenen, gläsernen Trichter geradezu ins Shopping-Mekka einzusaugen. Unter einem Wolkengebirge aus Glas gibt es nicht nur Europas längste freischwebende Rolltreppe, sondern auf acht Ebenen tatsächlich Neues, nämlich Labels, die bislang in Frankfurt noch nicht vertreten waren. Wer zwischendurch Kalorien oder Kaffee braucht:

Auch optisch ein Genuss: das Einkaufszentrum MyZeil

In der vierten Etage lockt ein Gastro-Boulevard mit Bars und Ethno-Restaurants. 70 000 Gäste besuchen täglich das 2009 eröffnete Einkaufs- und Freizeitzentrum.

Unten auf der Zeil protzt ein behelmter, monumentaler Bronzekämpfer im Baseball-Look, der **David-und-Goliath-Brunnen** ➡ aC5. Gegenüber beginnt die Fußgängergasse Neue Kräme, die zum Liebfrauenberg führt. Vor der Zerstörung 1944 erstreckte sich hier das Gewirr der Frankfurter Altstadtgassen. Die Nachkriegsbauten ringsum sind eher unschön, trotzdem hat der Platz rund um den spätbarocken **Liebfrauenbrunnen** einen feinen Charme.

Goethe-Fans, deren Frankfurtbild ohne den Besuch in Goethes Geburtshaus unvollständig ist, machen hier einen Abstecher. Durch die Bleidenstraße geht es weiter geradeaus und direkt in den Großen Hirschgraben, wo schon andere Touristen anstehen: Nummer 23 beherbergt das ❷ **Goethe-Haus** ➡ aD4, in dem der Dichter von seiner Geburt an 26 Jahre lang lebte.

Die Neue Kräme führt über die potthässliche Verkehrsachse der **Berliner Straße**, die mit ihrer trostlosen Häuserzeile direkt nach dem Krieg entstand. Und noch ehe man auf der anderen Straßenseite angelangt ist, hat man sie schon im Blick: die **Frankfurter Paulskirche** ➡ aD5, das »Symbol der deutschen Demokratie«. Und

Der David-und-Goliath-Brunnen wurde 1983 von Richard Hess entworfen

FRANKFURTER GOETHE-HAUS UND GOETHE-MUSEUM

Frankfurt am Main, Hessen

Zahllose Touristen aus aller Welt kommen täglich in das Haus am Großen Hirschgraben, wo Johann Wolfgang von Goethe am 28. August 1749 zur Welt kam und wo er bis 1775 lebte und wirkte. Das spätbarock rekonstruierte

Bürgerhaus erinnert an Goethes frühe Jahre, die er in seinem autobiografischen Roman »Dichtung und Wahrheit« beschreibt.

Der Bau aus dem 17. Jahrhundert wurde im Zweiten Weltkrieg zerstört, doch bereits 1951 originalgetreu rekonstruiert. Einige Möbelstücke sind Originale, die während des Kriegs ausgelagert waren, bei den anderen orientierte man sich an Beschreibungen Goethes und der bürgerlichen Wohnkultur des Spätbarocks. Das Erdgeschoss enthält Küche, Esszimmer sowie das Empfangszimmer von

Goethes Geburtshaus dient heute als Museum.

Goethes Mutter. Ein Stockwerk darüber liegt das Musikzimmer, in dem vor allem der seltene Pyramidenflügel von 1745 sowie der passende Deckenstuck zu beachten sind. Im zweiten Stock befinden sich das wahrscheinliche Geburtszimmer Goethes, das Zimmer seiner jüngeren Schwester Cornelia sowie die Bibliothek und das Gemäldekabinett seines Vaters. Goethes Reich, das Dichterzimmer, ist im dritten Geschoss zu besichtigen. Hier – am Stehpult – schrieb er Werke wie »Götz von Berlichingen«, den

»Urfaust« und »Die Leiden des jungen Werther«. Nebenan im Puppentheater-Zimmer steht das Gehäuse von Goethes Puppenspiel, das durch die Schilderung in »Wilhelm Meisters theatralische Sendung« berühmt wurde.

Das Goethe-Museum im benachbarten Gebäude präsentiert eine umfangreiche Sammlung mit Gemälden, Grafiken und Büsten der Goethezeit vom Spätbarock über Klassizismus bis Romantik und Biedermeier. Derart zeigt es das Verhältnis des Dichters zur Kunst und zu Künstlern wie Johann Heinrich Füssli, Caspar David Friedrich und Frankfurter Malern. Von hier aus ist es nicht weit zum Goetheplatz mit dem Goethe-Denkmal.

INFO: In der Innenstadt gelegen. **INFO GOETHE-MUSEUM/HAUS:** Großer Hirschgraben 23–25, 60311 Frankfurt am Main, Tel. (069) 13 88 00, www.goethehaus-frankfurt. de, Öffnungszeiten Mo, Mi/Do 11–17, Fr–So 10–18 Uhr, Eintritt € 7, ermäßigt € 3, Schüler € 1,50, Führungen tägl. 14 und 16, Sa/So auch 10.30 Uhr (kostenlos).

*Römerberg und
Gerechtigkeitsbrunnen*

tatsächlich sieht sie so aus, wie der Volkswitz die Bauform schon vor 140 Jahren beschrieb: eine Pastete mit einer Flasche Wein. 1849 entstand hier die erste demokratisch legitimierte Reichsverfassung für Deutschland.

In den 1970er Jahren war der ❸ **Römerberg** Frankfurts zentraler Platz, der mindestens so hässlich wie historisch war. 1978 beschloß der Senat eine »stadtbildwirksame Verschönerung« – so entstand die sogenannte **Ostzeile**, der historisch getreue Wiederaufbau von sechs Gebäuden auf der Ostseite des Römerbergs. Dadurch bekam der Platz seine geschlossene Form: Die dreifache Staffelgiebelreihe des Römers findet seitdem wieder ein Echo in der sechsgiebeligen Reihe der Bürgerhäuser.

Fotomotiv Nummer eins ist der **Gerechtigkeitsbrunnen**, der im Sommer mit weißen und roten Blumen in den Frankfurter Stadtfarben geschmückt ist. Im Unterschied zu ihren Schwestern in aller Welt trägt diese Justitia keine Augenbinde. Der **Römer**, den die Justitia anblickt, ist mit den markanten Zackengiebeln der drei Hauptbauten seit dem Spätmittelalter ein Markenzeichen für Reichtum und politische Stellung der Stadt. In den Hallen im Erdgeschoss boten zu Messezeiten die Kaufleute ihre Waren an. Ein Stockwerk darüber im Kaisersaal feierten die deutschen Kaiser ihre Wahl und ihre Krönung, die ab 1562 in Frankfurt stattfand.

Frankfurts Renaissancerathaus

RÖMER

Frankfurt am Main, Hessen

Skyline hin oder her – das Wahrzeichen der Stadt Frankfurt am Main ist und bleibt der Römer, mit seiner Treppengiebelfassade eines der schönsten und ältesten Rathäuser Deutschlands. Seit über 600 Jahren wird hier schon regiert. Und nicht nur für die Stadt wurden und werden Entscheidungen gefällt, sondern durch die Goldene Bulle Kaiser Karls IV. war Frankfurt 1356 als rechtmäßiger Ort für die Königswahlen im Reich bestätigt worden, nachdem seit 1147 schon 14 von 20 Königswahlen hier stattgefunden hatten.

Heute tragen sich wichtige Persönlichkeiten ins Goldene Buch der Stadt ein oder lassen sich auf dem Balkon von der jubelnden Menge auf dem Rathausplatz, dem Römerberg, feiern – wie z. B. die deutschen Fußballeuropameisterinnen 2013.

Im Jahr 1405 erwarb die Stadt zwei Patrizierhäuser und baute sie zum repräsentativen Rathaus um, bis ins 19. Jahrhundert kamen neun weitere Gebäude hinzu.

Der Name Römer soll sich von den italienischen Kaufleuten ableiten, die hier während der bedeutenden mittelalterlichen Frankfurter Messen ihre Waren ausstellten und logierten. Schmuckstück des Römers ist der Kaisersaal mit der einzig vollständig erhaltenen Galerie der Kaiser und Könige von Karl dem Großen bis zu Franz II. Ab 1562 wurde im Kaisersaal auch das jeweilige Krönungsmahl abgehalten. Nach der fast kompletten Zerstörung im Zweiten Weltkrieg wurde der Römer zunächst eher schlicht wiederaufgebaut, erst bei späteren Restaurierungen orientierte man sich wieder stärker am Zustand von 1900.

Heute locken nicht nur Historie, sondern auch zahlreiche Veranstaltungen, Feste und nicht zuletzt der Weihnachtsmarkt viele Besucher und Einheimische zum Römer und

Rathaus und Frankfurter Wahrzeichen: der Römer.

Römerberg. Im ansässigen Standesamt zu heiraten ist ebenfalls sehr beliebt.

Den edlen Tropfen dazu gibt es nebenan, wo die Weine vom Lohrberger Hang verkauft werden, dem einzigen Weinanbaugebiet der Stadt Frankfurt.

Auf dem Römerberg befinden sich zudem die Alte Nikolaikirche, der Gerechtigkeitsbrunnen sowie das Historische Museum und die Kunsthalle Schirn.

INFO: In der Innenstadt gelegen. **INFO RÖMER:** Römerberg 27, 60311 Frankfurt/Main, Tel. (069) 212-348 14, Öffnungszeiten Kaisersaal tägl. 10–13 und 14–17 Uhr, Eintritt € 2, ermäßigt € 0,50. **INFO STÄDTISCHES WEINGUT:** Limpurgergasse 2, Frankfurt/Main, Tel. (069) 21 23 36 80, Öffnungszeiten Mo–Fr 9–12.30 Uhr.

Im März 1944 wurde mit der mittelalterlichen Altstadt auch der Frankfurter Römer zerstört; nur die Dreigiebelfront blieb als Trümmerfassade stehen. Sie wurde samt den gewölbten Erdgeschosshallen restauriert. Heute residiert hier im Obergeschoss der Oberbürgermeister. Hinter den drei Giebeln kann man schemenhaft den Kaisersaal erkennen. Der Weg zum **Kaisersaal** führt quasi hintenherum durch die Limpurger Gasse und das **Römerhöfchen**, einen wiederhergestellten mittelalterlichen Innenhof mit dem zierlichen Herkulesbrünnchen und offener Wendeltreppe.

Zwischen Römer und dem Dom sind 35 neue Häuser entstanden, das **DomRömer-Quartier**. Unter den Neubauten sind 15 Rekonstruktionen, die sich baulich an der Vorkriegsarchitektur orientieren, dabei aber Historisches und Modernes auf spannende Weise kombinieren. Kaum ein Fußballfeld ist die Fläche der Neuen Altstadt groß und doch wurde zehn Jahre gestritten und polemisiert, bis das Quartier im Herbst 2018 feierlich eröffnet wurde. Heute drängen sich die Besucher zu Tausenden in den verkehrsfreien Gässchen. Blickfang, Treffpunkt und zentraler Platz ist der **Friedrich-Stoltze-Brunnen**, benannt nach dem Frankfurter Schriftsteller,

Friedrich-Stoltze-Brunnen

Unter der Neuen Altstadt kann man die Überreste der Kaiserpfalz besichtigen

Verleger und wehrhaften Demokraten, der speziell in seiner Heimatstadt für seine Mundartgedichte geliebt wird. In der Tourist Information am Römerberg 27 kann man sich eine kostenlose Karte der Neuen Altstadt holen, in der jedes Gebäude des Ensembles erläutert wird, oder ein Ticket für den hier täglich um 14 Uhr (April–Okt. auch 11 Uhr) startenden Rundgang mit einem zertifizierten Frankfurter Gästeführer erstehen.

Auf dem Weg zum Dom sieht man rechter Hand das Haus »Goldene Waage« mit der Adresse Markt Nr. 5, dahinter versetzt das Stadthaus am Markt, das den Blick freigibt auf den östlichen Teil der **Kunsthalle Schirn** ➡ aD6, die als gelungenes Exemplar der Postmoderne gilt. Hier unter Markt 5 und Stadthaus liegt die sehenswerte **Kaiserpfalz franconofurd**, der 1953 freigelegte, älteste Teil Frankfurts mit Bauresten aus römischer, karolingischer und mittelalterlicher Zeit, dessen Überbauung durch die Neue Altstadt für hitzige Diskussionen sorgte.

Frankfurts ❹ **Dom** ist gar keiner, denn die Stadt war niemals Bischofssitz. Die korrekte Bezeichnung als Stifts- und Hauptpfarrkirche war den Bürgern des 18. Jahrhunderts nicht imposant genug, schließlich handelte es sich um die Wahl- und Krönungsstätte der deutschen Kaiser. Die Kirche wurde mehrfach zerstört, 1867 brannte der Dom und 1944 wurde er bombardiert. Für Architekturfreaks interessant: Unter den deutschen Einzeltürmen der Gotik ist der Frankfurter eine Aus-

Der Dom ist bekannt für seine Backsteinoptik

nahme, weil nur hier der quadratische Unterbau in eine steile Kuppel übergeht, die in eine achteckige Spitze mit Kreuzblume ausläuft – ein bauliches Unikat, das gerne als architektonisches Zitat der mittelalterlichen Kaiserkrone interpretiert wird.

Der sogenannte **Maria-Schlaf-Altar** in der ersten Seitenkapelle links vom Chor ist als einziger unversehrt geblieben und auch der interessanteste. Er entstand 1434, der Annen-Altar links daneben ist eine fränkische Arbeit von 1520. Sehenswert ist auch die Kreuzigungsgruppe (1509) des Bildhauers Hans Backoffen in der Turmhalle.

In der kleinen spätgotischen Kapelle wählten im Mittelalter die sieben Kurfürsten den deutschen König bzw. Kaiser. In der Eingangsvorhalle kann man Reste des ehemaligen Kreuzgangs sehen, durch den der Neuerwählte zur Krönung in den Dom einzog. Heute zeigt hier das **Dommuseum** gotische Kelche, alte Messgewänder, Barockleuchter und eine Kopie der alten deutschen Kaiserkrone.

Hinter dem Dom geht es rechter Hand hinab und entlang der post-modernen Häuserzeile **Saalgasse** ➡ aD5/6 zurück Richtung Römer. Die unterschiedlich gebauten 13 zeitgenössischen Häuser sollen den früheren Altstadtcharakter mit den unterschiedlichen Fassaden- und Giebelformen widerspiegeln. Am Ende der Zeile sind wir wieder an der unteren Mainseite des

Römerbergs bei der **Alten Nikolaikirche** ➡ aD5 angelangt, die dreimal täglich ihr 47-stimmiges Glockenspiel hören lässt. 1290 wurde sie als kaiserliche Hofkapelle geweiht und war schon im 14. Jahrhundert den Mitgliedern des Rates vorbehalten.

Mit Blick zum Fluss folgt linker Hand das **Historische Museum** ➡ aD/aE5, dessen sanierte Altbauten seit 2013 wieder für Besucher geöffnet sind. Im Saalhof befindet sich das älteste Bauwerk der Stadt, der Stauferbau aus der Zeit um 1200. Zum Römer hin wurde 2017 der Neubau des Museums eingeweiht, ein elegantes Ensemble aus Sandstein und Naturputz. Rechts befindet sich das **Haus Wertheim**, das einzige original erhaltene Fachwerkhaus der Altstadt – mit Café.

Über den ❺ **Eisernen Steg** geht es zum ❻ **Museumsufer** am **Schaumainkai** ➡ aG3–aE5. Anders als Paris, Köln oder München hat Frankfurt nicht auf monumentale Kunstzentren gesetzt, sondern eine individuelle, spannungsreiche Museenlandschaft geschaffen. Die schönsten Museen entstanden aus umgebauten Patriziervillen in ihren angestammten Parks am Sachsenhäuser Mainufer. Der spektakulärste Bau ist gleich das erste Haus, das sich in gleißendem Weiß jenseits der Sachsenhäuser Mainuferstraße zeigt: das **Museum Angewandte Kunst** ➡ aF5/6. Der New Yorker Architekt Richard Meier integrierte hier die klassizistische Villa Metzler (in deren Räumen die Kunstsammlung

Haus Wertheim: Es überstand als einziges Fachwerkhaus in der Altstadt den Krieg

Der Eiserne Steg verbindet den Frankfurter Römerberg mit Sachsenhausen

vorher untergebracht war) und legte einen neuen Bau winkelförmig um den alten Kern. Das ganze lichtdurchflutete Gebäudeensemble ist mit Spazierwegen, Eingangstoren und Brunnenanlage so in den Park eingebettet, dass Innen- und Außenräume fast unmerklich ineinander übergehen.

Das **DFF – Deutsches Filminstitut & Filmmuseum** ➡ aF4 an der Ecke zur Schweizer Straße, das zeigt, wie mühsam die Bilder das Laufen lernten, wurde bis 2011 komplett umgebaut und modernisiert. Das **Deutsche Architekturmuseum** ist schon wegen seiner eigenen Architektur im Inneren einen Besuch wert. Der Architekt Oswald Mathias Ungers baute ein Haus im Haus und füllte die entkernte Hülle der gründerzeitlichen Doppelvilla mit einem fünfstöckigen Raumprogramm. Die Grundfarbe Weiß sorgt für leichte, fast schwerelose Raumerlebnisse.

Nächster Stein in der Kette ist das **Museum für Kommunikation**, das die Mediengeschichte witzig, interaktiv und aufschlussreich nachzeichnet, vom Schrifttäfelchen in Mesopotamien bis zur Welt der neuen Medien. Das Städel Museum, kurz **Städel** ➡ aG3 genannt, gilt mit seiner Gemäldesammlung aus sechs Jahrhunderten als der Frankfurter Louvre. Weil dieses Kunstinstitut von

Das DFF – Deutsches Filminstitut & Filmmuseum am Frankfurter Museumsufer

STÄDEL MUSEUM

Frankfurt am Main, Hessen

Das Städel ist eines der bedeutendsten und bekanntesten Kunstmuseen in Deutschland, ein absolutes Muss bei jedem Frankfurt-Besuch. Etwa 2700 Gemälde, 600 Skulpturen und 100 000 Zeichnungen sowie Druckgrafiken des 14. bis 20. Jahrhunderts sind die Schätze des Hauses.

Zu den altdeutschen und altniederländischen Hauptwerken gehören neben dem »Paradiesgärtlein« eines unbekannten Meisters unter anderem die »Apostelmartyrien« von Stefan Lochner, der Frankfurter »Dominikaneraltar« (1501) von Hans Holbein d. Ä., eine »Venus« (1532) und der »Torgauer Altar« von Lucas Cranach sowie Jan van Eycks »Lucca-Madonna« (um 1436).

Den Italienern des 15. Jahrhunderts folgen die Manieristen, die mit hochrangigen Arbeiten von Sandro Botticelli (»Weibliches Idealbildnis«) und Pontormo (»Dame in Rot«) vertreten sind. Unter den barocken Gemälden befinden sich mehrere Werke des in Frankfurt geborenen Adam Elsheimer.

Außerdem sind Meisterwerke wie »Die Blendung Simsons« (1636) von Rembrandt, »Der Geograph« (1669) von Jan Vermeer van Delft, Porträts von Frans Hals sowie eine »Gewitterlandschaft mit Pyramus und Thisbe« (1651) von Nicolas Poussin zu sehen.

Unter den Gemälden ab dem späten 18. Jahrhundert findet sich Johann Heinrich Wilhelm Tischbeins »Goethe in der Campagna« (1786/87).

Romantischen Arbeiten (Caspar David Friedrich) folgen französische und deutsche Realisten wie Gustave Courbet (»Die Welle«), Wilhelm Leibl und Hans Thoma, aber auch Bilder von Arnold Böcklin, Anselm Feuerbach und Hans von Marées. Werke der bekannten französischen Impressionisten leiten die

Ausstellungsansicht im Sammlungsbereich Alte Meister im Städel Frankfurt.

Moderne ein. Expressionistisches stammt u. a. von Ernst Ludwig Kirchner und Franz Marc, auch Max Beckmann und Edvard Munch sind zu sehen. Die Kunst nach 1945 wird beispielsweise von Yves Klein, Georg Baselitz und Francis Bacon vertreten.

2009 erfolgte der Spatenstich für einen spektakulären, wenn auch von außen fast unsichtbaren 3000-Quadratmeter-Erweiterungsbau für die Präsentation der Gegenwartskunst nach Plänen des Frankfurter Architekturbüros schneider + schumacher. 2012 wurde die lichtdurchflutete Ausstellungshalle unter dem Städelgarten eröffnet.

Info: Am Museumsufer in Sachsenhausen gelegen. **Info Städel Museum:** Schaumainkai 63, 60596 Frankfurt/Main, Tel. (069) 605 09 82 00, www.staedelmuseum.de, Öffnungszeiten Di–So 10–18, Do bis 21 Uhr, Eintritt € 14, unter 12 J. frei.

Schätze des Städel: »Weibliches Idealbildnis« von Bartolomeo Veneto (um 1520/25) und Gustave Courbets »Blick auf Frankfurt am Main« (1858)

Weltrang mehr Platz brauchte, wurde es erweitert – unterirdisch und oberirdisch. Die hochkarätigen Ausstellungen ziehen immer wieder Tausende Besucher an.

Das **Liebieghaus** ➜ J7 liegt ein kurzes Stück hinter dem Holbeinsteg in einem schönen Park und ist die letzte Perle in der Kette des Museumsufers. Es empfiehlt sich nicht nur mit seiner Sammlung der Bildhauerei, sondern auch mit seinem kleinen Café, das unter Frankfurtern als Geheimtipp gilt. Über die elegante Hängebrücke des **Holbeinstegs** ➜ aF/aG3 geht es über den Main und geradeaus weiter über die Verkehrsachsen Leuschner-, Gutleut- und Münchner bis in die **Kaiserstraße**. Hier hat sich im Schatten pompöser Gründerzeitfassaden ein widersprüchliches und reizvolles Flair erhalten. Immer noch finden sich in dem Viertel einfache Läden für Lebensmittel und Bedarfsartikel der Wohnbevölkerung. Besonders in der Nähe des Hauptbahnhofs ist die Kaiserstraße aber auch Bummelmeile angekommener Touristen, Wartezone für Flüchtlinge und nicht zuletzt tägliche Rennstrecke von zigtausend Pendlern.

Auf der Kaiserstraße Richtung Innenstadt erreichen wir in Höhe der fünfspurigen Gallusanlage die ersten Wolkenkratzer. Rechter Hand ragt der 148 Meter hohe **Eurotower** auf, seit 2014 der Sitz der zentralen europäischen Bankenaufsicht. Der flache, verglaste Bau dahinter im Stil der 1950er Jahre ist die Theaterdoppelanlage mit Schauspiel und Oper.

Unser Rundweg führt hinein ins Grün der alten **Wallanlagen** ➜ aE3–aC3. Der fünf Kilometer lange Anlagenring umschließt die Innenstadt in einem weiten Halbkreis, der auf beiden Seiten am Mainufer endet. Ursprünglich erstreckte sich hier die alte Stadtmauer, und nachdem die Festungswälle geschleift worden waren, entstand um 1800 eine weite Garten- und Parkanlage. Nach wenigen Metern zeigt sich zur Linken eine Trias aus dem Bankgebäude **Gallileo** (mit zwei »l« wegen der Adresse Gallusanlage, 136 m), dem **Silver Tower** der Deutschen Bahn (166 m) und dem **Skyper** (153 m) mit seiner typischen halbrunden Fassade. Auf der rechten Seite steht der aparte **Taunusturm** in blendend hellem Stein (170 m) samt der kleinen Schwester, dem Wohnturm (63 m), überragt nur vom **Commerzbank**-Giganten (299 m), dessen Form an ein altes Sprechfunkgerät erinnert, tatsächlich aber wohl Frankfurts erstes umweltgerechtes Hochhaus ist, das nachhaltig bewirtschaftet wird. Hat man die Straße Taunustor überquert, ragt rechter Hand das Bürohaus **Japan Center** ➡ aD3 mit fernöstlicher Eleganz in den Himmel (115 m), dann folgt die Sechseckkonstruktion des Bürohochhauses **Garden Towers** (126,5 m), die dicht daneben in den Himmel strebt, überragt vom neuen **Omniturm** (185 m) mit seiner spiralförmigen Achsen-

Die Wallanlagen: In der Untermain-Anlage vor den städtischen Bühnen steht der Märchenbrunnen von Ernst Friedrich Hausmann, einer der wenigen Jugendstil-Brunnen in Frankfurt

verschiebung auf halber Höhe. Der benachbarte **Main-tower** ist das einzige Hochhaus mit Aussichtsplattform (200 m), direkt daneben steht das Büro- und Wohngebäude **Eurotheum** (110 m) mit Bar im 22. Stock.

Hinter dem **Schiller-Denkmal** aus dem Jahr 1895 steigen die im Volksmund Soll und Haben genannten, 158 Meter hohen Doppeltürme der **Deutschen Bank** ➡ aC2 in den Himmel, die seit 2010 offiziell Greentowers heißen, denn im Rahmen der größten Gebäudesanierung Europas wurden sie für 200 Millionen Euro ökologisch nachhaltig umgerüstet. Die beiden Türme werden linker Hand überragt vom **Bankgebäude Trianon** (186 m) ➡ aC1/2 mit seinem Dreiecksdach. Davor setzt die Chase Bank (75 m) im dunklen Braun der 1970er-Jahre-Optik einen scharfen Kontrast. In gleicher Blickachse sind im Hintergrund zwei weitere, gelungene Elemente der Skyline auszumachen: das **Frankfurter Büro-Center** (140 m) ➡ aD1 und das Bürohaus **Westend Tower** ➡ G6 mit seinem aparten Strahlenkranz (208 m).

Die Spazierwege der einstigen Wallanlagen biegen nun nach rechts ab, wir nähern uns der **Alten Oper** ➡ aB3. Mit diesem Prestige-Projekt begann Anfang der 1980er Jahre die Stadterneuerung, die Alte Oper war das hart umkämpfte Symbol der Wende. In der Längsachse der Alten Oper ist das Denkmal **Marshallbrunnen** ➡ aC3 als Dank für die humanitäre Hilfe beim Europäischen Wiederaufbau in den Spazierweg eingelassen.

Der 45-stöckige Trianon Tower beheimatet die Deka Bank und die Deutsche Bank

Die Alte Oper am Opernplatz, dahinter ragt der Opernturm empor

Der heutige Platz vor der ❼ **Alten Oper** war 1869 noch Teil der Wallanlagen, als der damalige Oberbürgermeister hier ein »den Anforderungen des guten Geschmacks entsprechendes Theatergebäude« sehen wollte. Die Gesamtbaukosten kalkulierte man damals auf zwei Millionen Mark, doch als Kaiser Wilhelm I. im Oktober 1880 den Prunkbau mit der Inschrift »Dem Wahren, Schönen, Guten« eröffnete, hatte man das Zehnfache investiert. Frankfurts liebster Nationaldichter Friedrich Stoltze reimte damals bissig im hessischen Slang »Dem Wahre, Scheene, Gute, die Berjerschaft muss blute«.

Hundert Jahre später war der Spruch genauso aktuell. Jahrzehntelang hatten die Frankfurter gestritten, ob die Kriegsruine wieder aufgebaut oder besser in die Luft gesprengt werden sollte. Bis zur Einweihung der neu erbauten Alten Oper 1981 stiegen die Kosten von den veranschlagten 60 Millionen Mark auf weit über 200 Millionen. Die Galagäste mussten bei der Einweihung noch durch ein Polizeispalier hetzen, um den faulen Eiern der Demonstranten zu entgehen. Heute gilt der Prunkbau mit seiner historischen Optik und der Hightech-Funktionalität im Innern als städtisches Schmuckstück und erste Konzertadresse. Links von der Alten Oper ist ein weiterer Skyscraper zu sehen: der

Bei Frankfurtern und Besuchern beliebt: die Flaniermeile Fressgass

weiße **Opernturm** ➡ aB2, 170 Meter hoch und durch einen Manufactum-Laden im Erdgeschoss veredelt.

Mittelpunkt des Opernplatzes ist der **Lucae-Brunnen** ➡ aB3, der mit seiner hohen Wasserfontäne im Sommer sanfte Kühlung versprüht. Frankfurts schönster Brunnen hat keine historische Vorlage, sondern wurde mit der riesigen Granitschale und dem Becken von 17 Metern Durchmesser neu gebaut und nach dem einstigen Architekten der Alten Oper benannt.

Für den zehnminütigen Rückweg an den Ausgangspunkt unseres Rundgangs gibt es zwei parallel verlaufende Möglichkeiten: den Flanierweg durch die im Volksmund ⑧ **Fressgass** ➡ aC3/4 genannte Fußgängerzone der Großen Bockenheimer Straße mit Cafés, Edelmetzgern und Feinkostläden oder – ein paar Meter weiter rechts – Frankfurts Nobelstrecke für den exklusiven Einkauf, die **Goethestraße**. Beide Wege enden wieder an der guten alten **Hauptwache** ➡ aC4, wo U- und S-Bahnen im Untergrund und Dutzende von Taxen bereitstehen, um den Weg nach Hause oder ins Hotel zu übernehmen. ■

Blick auf die Hauptwache, Wahrzeichen Frankfurts

Die Nachbarschaft ist eine Glaubensfrage – Frankfurts Stadtteile

Die Einwohner von Frankfurt verstehen sich immer auch als Bewohner eines bestimmten Quartiers. Keiner kommt einfach nur aus Frankfurt. Die meisten, die in Frankfurt leben, kommen aus dem Westend, aus Bornheim, aus Griesheim oder irgendeinem anderen Stadtteil. Davon gibt es 43, und jeder hat sein eigenes Gesicht. Hier das opulente Gründerzeitviertel der gehobenen Preisklasse, da das lebendige Dorf mit seinem bunten Wochenmarkt und dort das Industrieviertel, in dem es sich aber auch malerisch am Fluss wohnen lässt. Jeder Stadtteil ist ganz frankfurterisch und doch ein Ort für sich, mit seiner Historie, seinen Eigenheiten und nicht zuletzt auch einer kompletten Infrastruktur. Schließlich ist die Stadt ursprünglich aus einzelnen Dörfern entstanden, und so ist vielen Stadtteilen nicht nur ein eigener Charakter, sondern oft auch ein ehemals dörflicher Mittelpunkt geblieben – wie ein Brunnen, oder ein kleiner Flanierboulevard. Die Frankfurter sind Stadtteil-Patrioten, und wer eine bezahlbare Wohnung ergattern konnte, wird sein Viertel schon aus lauter Dankbarkeit immer allen anderen vorziehen.

Das Holzhausenschlösschen im Frankfurter Nordend stammt aus dem 18. Jahrhundert

Apfelweinwirtschaften in Sachsenhausen

Die **Innenstadt** ➧ aB3–aD8 ist fast nur noch Geschäftszentrum und inzwischen auch ein beliebtes Pflaster für Nachtschwärmer. Hier liegt alles hübsch beieinander. Frankfurts Citykern ist klein genug, um ihn zu Fuß zu erkunden. Wenn sich nachts nach der letzten Bahn die Gitter vor den U-Bahn-Stationen gesenkt haben, empfehlen sich zur Heimfahrt das Taxi oder der Nachtbus.

Frankfurts zweitwichtigstes Stadtviertel für (fast) alle Besucher liegt »dribb de Bach« auf der anderen Mainseite. Längst ist **Sachsenhausen** zum Synonym geworden für jene zünftigen Apfelweinwirtschaften, in denen man sich an langen Holztischen bei Äppler und Rippche durchs Wetter- und Weltgeschehen babbelt. Tatsächlich reduziert sich der promilleträchtige Touristenrummel jedoch auf das kleine, kopfsteingepflasterte ❾ **Alt-Sachsenhausen** ➧ G–K6–12, während das eigentliche Sachsenhausen ein weitaus größeres Gebiet umfasst, das die grüne Lunge des Stadtwalds ebenso einschließt wie das Museumsufer am Main. Zentrale Einkaufsachse und Lebensader ist die turbulente, von Boutiquen und Feinkostläden gesäumte **Schweizer Straße** ➧ H8–J9. Sachsenhausen gilt auch als eine der besten Wohnadressen mit vielen stillen Nebenstraßen und attraktiven Altbauten.

SACHSENHAUSEN

Frankfurt am Main, Hessen

Der Frankfurter Stadtteil Sachsenhausen ist den meisten nur wegen des Ebbelwoi ein Begriff. In den vielen Apfelweinwirtschaften, insbesondere in der Klappergasse, laben sich allabendlich Scharen von Touristen und Einheimischen an dem sauren Getränk im Bembel oder dem Gerippten, wie der Steingutkrug und das typische griffige Glas genannt werden.

Doch »dribb de Bach« (auf der anderen Mainseite) wird noch mehr geboten: Zu Sachsenhausen gehören auch die grüne Lunge des Stadtwalds, die turbulente, von Geschäften gesäumte Schweizer Straße und das Museumsufer. Neben zahlreichen bürgerlichen Villen aus dem 19. Jahrhundert stehen dort gleich 13 Museen, wie beispielsweise das von Oswald Mathias Ungers entworfene Deutsche Architekturmuseum, das Städel, eines der bedeutendsten Kunstmuseen Deutschlands, oder das DFF – Deutsches Filminstitut & Filmmuseum. Jedes Jahr im August findet am Museumsufer ein Fest statt, das sich inzwischen zum größten Volksfest der Region entwickelt hat.

Sehr sehenswert sind auch die Sachsenhäuser Warte, einer der vier verbliebenen Frankfurter Wehrtürme, und die neugotische Dreikönigskirche aus dem Jahr 1881. In der Schellgasse 8 liegt das älteste Fachwerkhaus der Stadt. Die Jahresringe des Holzes belegen, dass es 1291 erbaut worden sein muss.

Deutlich jünger ist der Henninger-Turm. Das ehemalige Brauereisilo wurde zwischen 1959 und 1961 erbaut und war damals eines der höchsten Silos der Erde. Heute ist es das Wahrzeichen Sachsenhausens. Für Profi-Radfahrer war es einmal im Jahr der Mittelpunkt beim Rennen »Rund um den Henninger-Turm«, das inzwischen eine andere Streckenführung hat und »Eschborn-Frankfurt« heißt.

Versteckt in einem Hinterhof liegt das Jasper's, eine wahre Bilderbuch-Brasserie. Inhaber Michel Bodemann bietet in den Räumlichkeiten mit Spiegeln, Jugendstillampen und Plakaten seit 1991 Spezialitäten aus Frankreich und dem Elsass. Hier bekommt man hohe Qualität vom Tintenfisch in feiner Sugo über Kalbskutteln und Schweinsfußragout bis zur Crème brulée. Eine gute Weinkarte darf da natürlich nicht fehlen.

INFO: Von der Frankfurter Altstadt gelangt man über den Eisernen Steg zu Fuß über den Main nach Sachsenhausen. **INFO BRASSERIE JASPER'S:** Schifferstr. 8, 60594 Frankfurt/Main, Tel. (069) 61 41 17, http://jaspers-restaurant.de, Öffnungszeiten Mo–Sa 19–1, Küche bis 23 Uhr, Reservierung empfohlen, Preise auf Anfrage.

Im Kneipenviertel Sachsenhausen: Ebbelwoi aus dem »Bembel«, dazu Frankfurter Würstchen.

Die noblen Straßenzüge im **Westend** ➡ A5–F7 sind dagegen nur die kargen Überreste des einst großbürgerlichen Wohnviertels mit parkumsäumten Villen. Die hatten zwar die Bombennächte des Zweiten Weltkriegs vergleichsweise gut überstanden, nicht jedoch die Abriss- und die Spekulationswut der 1970er Jahre. Damals konnte nur noch der Frankfurter Häuserkampf etliche der herrschaftlichen Villen retten – heute stehen mehr als 200 unter Denkmalschutz. Mittlerweile schieben sich von der Taunusanlage aus die Türme der Banken und Versicherungen immer weiter ins Quartier. Wohlhabende Frankfurter bauten sich hier Mitte des 19. Jahrhunderts großzügige Domizile, deren Wohnqualität heutige Singles geradezu magisch anzieht. Zu Füßen der Bankentürme hat sich Frankfurts »Single-Hochburg« und Frankfurts »Geldmaschine« in einem etabliert. Wenn die Geldinstitute Dienstschluss haben, vergnügt sich der Stadtteil im Rothschild- und im Grüneburgpark oder geht in gehobener Preisklasse essen.

🔟 **Palmen- und Botanischer Garten** ➡ C/D5 laden zum Bildungsbummel ein, die Universität ist hierher ins ehemalige IG-Farben-Haus gezogen, und mit der Westendsynagoge und deren ägyptisch-assyrischen Stilzitaten verfügt das Westend auch über ein kulturelles Wahrzeichen besonderer Güte. Auch in die Literatur ist das noble Viertel eingegangen, der Frankfurter

Der geometrisch angelegte Rosengarten im Palmengarten

Schriftsteller Martin Mosebach hat mit »Westend« seinem Heimatgeviert ein Denkmal gesetzt.

Ans hochkarätige Westend mit der botanischen Oase des Palmengartens schließt sich das ehemalige Univiertel **Bockenheim** ➡ B1–G5 an, ebenfalls ein Stadtteil mit bewegter Vergangenheit. Das Campusgelände, das die Uni zugunsten anderer Standorte aufgegeben hat, sollte zum Kulturcampus werden, mit Flächen für Tanz, Musik und Spiel; davon ist nicht mehr die Rede, für zwei Wohn-, Hotel- und Bürohochhäuser haben die Bauarbeiten begonnen.

Vielfältige Stadtteilkultur bietet hingegen noch das **Nordend** ➡ A8–D11, eines der am dichtesten besiedelten Wohngebiete der Stadt mit Eckkneipen, Kinderläden und etlichen Institutionen der ehemaligen Alternativkultur wie etwa dem Strandcafé. Roter Sandstein ist der beherrschende Baustoff, der zusammen mit dem Grün des **Günthersburgparks** ➡ B/C11/12, des **Bethmannparks** ➡ E10 und des Parks um das barocke **Holzhausenschlösschen** (ein Wasserschloss aus dem Jahr 1726/27) ➡ C8 das Nordend zu einem der beliebtesten Frankfurter Stadtteile mit hohem Prominentenanteil macht. Die **Deutsche Nationalbibliothek** ➡ B8/9 ist hier, der Hessische Rundfunk auch. Weltoffenheit und Heimatnähe: Im Nordend findet alljährlich das Rotlintstraßenfest statt und der Bethmannpark entführt im Chinesischen Garten nach Fernost. Zwischen den noblen Villen steht hier auch die ehemals größte

Bockenheimer Wartturm mit dem Bockenheimer Depot im Hintergrund

Die Römerstadt gehört zu den May-Siedlungen in Bornheim. Entworfen von Ernst May in den 1920er Jahren stehen sie heute unter Denkmalschutz

jüdische Schule Frankfurts, das Philanthropin, das erst seit 2006 wieder der jüdischen Gemeinde gehört, und nur im Nordend gibt es eine Apfelweinkneipe mit angeschlossenem Theater, die Stalburg.

Der Stadtteil **Bornheim** ➡ A12–C15 ist das »lustige Dorf« und als Beweis tummeln sich über ein Dutzend Karnevalsvereine in dem Ort. Doch der »Bernemer« feiert auch außerhalb der närrischen Zeit. So wurde in Bornheim der Frankfurter Wäldchestag bis zum »Pfingst-Mittwoch« verlängert und im Herbst gibt's hier den Lerchesherbst-Mittwoch. Am Kerwemittwoch mitten im August hingegen überrascht Nicht-Berne-mer die seltsame Tradition des »Gickelschlags«, die »Lisbeth« wird dann verbrannt und die ❀ **Berger Straße** ➡ E10–B13 ertrinkt in Apfelwein und Bier. Apropos Berger Straße: Sie ist ein multikulturelles Pflaster und macht Deutschlands umsatzstärkster Fußgänger-zone nicht nur wirtschaftliche, sondern als »Bernemer Zeil« auch namentliche Konkurrenz. Quirligkeit und Geschäftigkeit allenthalben in dem Ort, der bei der Eingemeindung im Jahr 1877 einer der reichsten rund um Frankfurt war. So ist mittwochs der Markt mit sei-nem Uhrtürmchen der Mittelpunkt des Stadtteillebens. Bornheim wird wegen seiner Fachwerkhäuser und sei-ner Apfelweinromantik immer wieder mit Sachsenhau-sen verglichen.

Das **Ostend** ➡ D11–G15 ist mittlerweile angesagt, und das hat mit der Konversion zu tun, die hier im letz-

*Europäische Zentralbank und
Deutschherrnbrücke*

ten Jahrzehnt stattgefunden hat. Der Osthafen wurde umgestaltet und das Mainufer ist zur beliebten Wohngegend geworden. Anstelle der größten Markthalle Europas logiert hier seit 2014 die Europäische Zentralbank und die ehemals öde Industriemeile der **Hanauer Landstraße** ➡ F12–E15 zeigt jetzt ein junges und dynamisches Gesicht. Design-Möbelläden, Werbeagenturen und IT-Unternehmen sind in die schicken Lofts gezogen, Szeneclubs wie »ADLIB« oder »Belle Club« setzen die nächtlichen Glanzlichter. Die Romanfabrik zieht Künstler und Denker ins Ostend, die Akademie für Kommunikation und Design die Kreativen an den Ostpark. Hier lernt der Nicht-Frankfurter auf der zweimal jährlich stattfinden Kirmes namens Dippemess, dass »Dippe« zu Deutsch nichts anderes als »Töpfe« heißt.

Als wenig reizvoll galt bisher das **Gallusviertel** ➡ H/J3–5, das seinen Namen von der »Galgenwarte« bekam, wo früher Verbrecher gehängt wurden. Dieser Wachturm stand vor 120 Jahren noch ziemlich einsam in der Landschaft. Das Gallusviertel entstand nämlich erst 1888 mit dem Hauptbahnhof. Dann wuchs das Viertel rasch: Mit der Bahn kamen die Adlerwerke und mit diesen die Wohnungsbaugesellschaften. Auch Ernst Mays »Hellerhofsiedlung« hat hier ihren Ursprung. Die Adlerwerke sind als Produktionsstätte passé, das Gebäude beherbergt jetzt das Gallus-Theater. Die Deutsche Bahn hat hier ihren eindrucksvollen Sitz. Das Gallusviertel, aus dem vor nicht allzu langer Zeit noch viele Bewohner wegzogen, bekommt mit der neuen »City-West« und der Aufbruchstimmung Wohn- und Lebensqualität zurück. Auf dem Gelände des ehemaligen Güterbahnhofs entsteht das **Europaviertel** ➡ G2–4 mit Hotels, Bürotürmen wie »The Spin«, Wohnungen und Parks – die unattraktive Brachfläche zwischen Mainzer Landstraße und Messe ist Vergangenheit. Gleich zwei Wohnhochhäuser sind entlang der Europaallee noch ganz frisch: das **Praedium** mit 242 Eigentumswohnungen ist seit 2018 bezugsfertig und der **Grand Tower**, mit 172 Metern Höhe Deutschlands höchster Wohnturm, seit 2020.

All das, was Frankfurt international in Verruf gebracht hat, ist im **Bahnhofsviertel** ➡ G/H6/7 immer noch zu finden: Sexshops, Spielhöllen, Prostitution, Drogenkranke und Obdachlose. Doch seit die Stadt auf die Ernennung des Viertels zum UNESCO-Weltkulturerbe hofft, werden hier Gründerzeitfassaden geschrubbt und ziehen Banken, erstklassige Hotels und Privatleute in den vormals verruchten Stadtteil.

Teure Apartments direkt am Main gibt es am Westhafen

Höchster Altstadt

Zwar verdankt **Höchst** ➡ bC3/4 seine Berühmtheit dem Chemiekonzern, doch hat der 1928 eingemeindete Stadtteil mehr zu bieten als die vier Quadratkilometer der früheren Hoechst AG, jetzt ein Büropark. Im Unterschied zu Frankfurt blieb Höchst von den Bomben des Jahres 1944 fast völlig verschont. Und so streifen die Besucher heute mit staunender Miene durch die engen Altstadtgassen und fotografieren Stadtmauer und **Justinuskirche**, Ziehbrunnen und die Bilderbuch-Eiche auf dem malerischen Schlossplatz. Das neben den Restaurants liegende Wohnhaus mit dem Karpfen in den grauen Ziegeln war früher ein Gasthaus und beherbergte Dürer und Goethe, die hier auf ihren Schiffsreisen abstiegen.

Doch neben den schönen alten Fassaden der Fachwerkhäuser gibt es auch Prunkbauten wie das **Dalberghaus**, einen Adelshof der Renaissance, und den fürstlichen **Bolongaro-Palast** mit Terrassen, Pavillons und figurengeschmückten Parkanlagen. Der Palast wurde 1775 nach dem Vorbild französischer Residenzschlösser gebaut. Napoleon gab hier auf seinem Rückzug 1813 den letzten Tagesbefehl auf deutschem Boden. Danach nutzte Marschall Blücher den Palast als Hauptquartier. In dem prachtvollen Barockbau ehemaliger Tabakwaren-

Blick vom Höchster Schloss auf die Gasse Burggraben mit alten Fachwerkhäusern

Charmant: Café Wunderbar in Frankfurt-Höchst

Fabrikanten residiert heute die Stadtverwaltung – und zwar weitaus standesgemäßer als im Frankfurter Römer. Doch nicht nur der Oberbürgermeister hat hier ein Dienstzimmer, auch das Höchster Porzellan ist mit einer wertvollen Ausstellung seiner Figuren vertreten.

Für den Ausklang der Höchst-Visite empfiehlt sich neben den zahlreichen Restaurants auf dem Schlossplatz oder den traditionellen Gaststätten wie dem »Bären« als charmantes Kontrastprogramm das »Café Wunderbar« in der Antoniterstr. 16 (tägl. 10–1 Uhr) oder im Sommer die »Strandbar« direkt am Main an der alten Schiffsmeldestelle.

Anfahrt: Nach Höchst kommt man am schnellsten mit der S-Bahn (drei Stationen vom Hauptbahnhof) oder über die Autobahn Richtung Wiesbaden (Abfahrt kurz hinter dem Eschborner Dreieck).

Beliebtes Ziel für Spaziergänger und Radfahrer: die Nidda

Wandern im Stadtwald

Der **Stadtwald** ➡ bC5, das liebste Jogging- und Wandergebiet der Frankfurter, war ursprünglich Teil des großen Reichsforstes. Im Jahre 1372 kaufte die Stadt Frankfurt diesen Reichswald von Kaiser Karl IV. Heute ist das Gebiet mit fast 5000 ha Fläche der größte stadtnahe kommunale Wald in Deutschland und die grüne Lunge der Mainmetropole. Über sechs Millionen Menschen aus der ganzen Region suchen hier jährlich Entspannung an der frischen Luft. Für Spaziergänger und Radfahrer gibt es ein 450 Kilometer langes Wegenetz.

Der mit sechs Hektar größte Weiher im Stadtwald heißt offiziell Jacobiweiher, wird aber vor Ort meist **Vierwaldstädter See** genannt. Zahlreiche Lokale und die **Stadtwaldbrunnen** (ehemalige Viehtränken) laden hier zum Ausruhen ein. Der 43 Meter hohe **Goetheturm**, ein Wahrzeichen der Stadt, ist im Herbst 2017 Brandstiftern zum Opfer gefallen, soll jedoch wieder aufgebaut werden, nachdem die Bürger Frankfurts rund 200 000 Euro Spenden dafür gesammelt haben.

Der im Westen gelegene **Schwanheimer Wald** ist ein Überrest der ehemaligen Main-Altaue. Wegen seiner zentralen Bedeutung für Mensch und Natur genießt der Frankfurter Stadtwald den Schutzstatus eines Bannwalds.

Anfahrt: Bus 36 Richtung Hainer Weg, Haltestelle Hainer Weg.

Streifzüge durch den Taunus

Im Umland von Frankfurt verlocken die Höhenzüge des Taunus zu Tagesausflügen, die meisten Ziele lassen sich leicht mit öffentlichen Verkehrsmitteln erreichen. Das Gebiet ist unterteilt in den **Naturpark Taunus** (Hochtaunus) und den **Naturpark Rhein-Taunus**. Die Örtchen im südlich vor dem Hauptkamm gelegenen Vordertaunus waren bereits im 18. Jahrhundert ein Zufluchtsort für begüterte Frankfurter, die der Stadtluft entfliehen wollten. Im Hinterland wartet eine Berglandschaft mit vielen Gipfelburgen zwischen grünen Tälern.

Bad Homburg und Saalburg

Bad Homburg vor der Höhe ➡ bA4 ist ein attraktives Ausflugs- und Shoppingziel. Das traditionsreiche Kurbad blickt in jeder Hinsicht auf Frankfurt herab, nicht umsonst hat hier ein beträchtlicher Teil des Frankfurter Geld- und Geistesadels Wohnsitz genommen. Der **Kurpark** gilt als schönster in Europa (Gartengestalter Lenné) und bietet mit der **Russischen Kapelle** und dem **Siam-Tempel** zwei kunsthistorische Highlights. In der **Spielbank** rollt seit 1841 die Roulettekugel. Friedrich V. (1769-1829) und seine Frau Karoline von Hessen-Darmstadt erweiterten den Schlossgarten um einen Spazierweg bis hinauf zum Rand des Taunus. Auf der **Tannenwaldallee** kann man noch heute bis zum **Gotischen Haus** spazieren, in dem das **Stadt- und Hutmuseum** untergebracht sind. Wer historisches Ambiente schätzt, begibt sich zum Schlosscafé ins **Schloss**.

Ein echter Hingucker ist die Russische Kapelle von Bad Homburg

BAD HOMBURG VOR DER HÖHE

Bad Homburg vor der Höhe, Hessen

Bad Homburg vor der Höhe ist die alte Residenzstadt des Landgrafen von Hessen-Homburg und einer der bedeutendsten Kurorte Deutschlands. Bad Homburg ist zwar schon 1200 Jahre alt, richtig zu blühen begann die Stadt aber erst mit der Errichtung einer Burg im 12. Jahrhundert. Von 1622 bis 1866 war die Stadt Residenz der Landgrafschaft von Hessen-Homburg. Friedrich II. ließ Ende des 17. Jahrhunderts die mittelalterliche Hohenburg bis auf die Grundmauern abreißen und auf dem Bergfried aus dem 14. Jahrhundert ein Schloss nach Plänen von Paul Andrich bauen.

Die Anlage mit fünf Flügeln und zwei Höfen kann man besichtigen; besonders sehenswert sind der Festsaal, das Spiegelkabinett sowie der Weiße Turm. Neben der Fußgängerzone – der Louisenstraße – lohnt vor allem ein Besuch der neuromanisch-byzantinischen Erlöserkirche sowie des Kurparks – mit rund 44 Hektar einer der größten in Deutschland.

Hier sind besonders das traditionsreiche Kaiser-Wilhelms-Bad, der Elisabethbrunnen und die Siamesische Halle sehenswert. Seit dem Fund zweier Heilquellen 1809 und 1834 begann der Aufstieg Bad Homburgs zum späteren Lieblingsbad von Kaiser Wilhelm II. und zu einem Treffpunkt der deutschen Aristokratie, von Dichtern und Millionären.

Dafür sorgte auch die Spielbank, die die Brüder Blanc hier 1841 errichteten. Unter den illustren Gästen war unter anderem der russische Dichter Dostojewski, der hier zu seinem Roman »Der Spieler« inspiriert worden sein soll. Doch durch das preußische Spielbankverbot 1872 musste das Casino schließen.

Erst nach dem Zweiten Weltkrieg rollte in Bad Homburg wieder die Kugel, dieses Mal im historischen Brunnen-Kursaal. Seither stimmen durch jährlich circa 360 000 Gäste auch wieder die Einnahmen – jedenfalls für die Betreiber und die Stadt.

In der Umgebung kann man außerdem die Saalburg, das nachgebaute Römerkastell am Limes, besichtigen, den Hessenpark besuchen oder im nahen Taunus wandern gehen.

INFO: Bad Homburg liegt ca. 25 km nordwestlich von Frankfurt am Main am Fuße des Taunus. **INFO BAD HOMBURG:** Tourist Information, Louisenstr. 58, 61348 Bad Homburg vor der Höhe, Tel. (061 72) 178 37 10, www.bad-homburg-tourismus.de. **INFO SPIELBANK BAD HOMBURG:** Im Kurpark/Kisseleffstr. 35, Bad Homburg vor der Höhe, Tel. (061 72) 170 10, www.spielbank-bad-homburg.de, Öffnungszeiten klassisches Spiel: So–Do 14.30–3, Fr/Sa bis 4 Uhr, Automatenspiel tägl. 12–4 Uhr, Eintritt € 2,50, Automatenspiel ohne Eintritt.

Das Kaiser-Wilhelms-Bad im Kurpark von Bad Homburg vor der Höhe.

Erbauer und erster Schlossherr war im 17. Jahrhundert der Landgraf Friedrich II. von Hessen-Homburg, den meisten besser als Kleists Prinz von Homburg bekannt. Der Schlosshof mit dem Café unter dem Weißen Turm, dem freistehenden Bergfried und Wahrzeichen der Kurstadt, ist zur Sommerzeit besonders schön.

Das **Römerkastell Saalburg** ➡ bA4 wurde unter Kaiser Wilhelm I. 1868 von Louis Jacobi auf den Fundamenten einer archäologischen Ausgrabung rekonstruiert. Heute vermittelt es einen Eindruck vom Leben römischer Soldaten, die gegen Ende des 2. Jh. n. Chr. die Reichsgrenze des Limes verteidigten. Das Kastell gehört zum UNESCO Weltkulturerbe des Obergermanisch-Rätischen Limes.

Im Römerkastell Saalburg wird römische Geschichte lebendig

Im Wald über dem Kastell beginnt der **Limeserlebnispfad**. Der Wanderweg führt auf dem Erdwall entlang, mit dem sich die Römer ab 83. n. Chr. vor den Übergriffen kriegerischer Stämme aus dem Norden schützten. Er war mit Pfahlzäunen, zahlreichen Wachtürmen und Kastellen bestückt, von denen teils noch Ruinen vorhanden sind.

Anfahrt: S5 ab Frankfurt am Main Hauptbahnhof, 21 Minuten bis Bad Homburg Hauptbahnhof. Zur Saalburg weiter mit Bus 5.

Tourist Information ➡ bA4
Im Kurhaus, Louisenstr. 58
61348 Bad Homburg v. d. Höhe
✆ (061 72) 178 37 10, www.bad-homburg-tourismus.de
Mo–Fr 10–18, Sa 10–14 Uhr

Museum Gotisches Haus ➡ bA4
Tannenwaldweg 102, Bad Homburg v. d. Höhe
✆ (061 72) 376 18, www.bad-homburg.de
Fr–So 14–18 Uhr, Eintritt € 2, Kinder frei
Hier erfährt man Interessantes über die Entwicklung der Kurstadt und die Hutmode vergangener Jahrhunderte.

Römerkastell Saalburg – Archäologischer Park ➡ bA4
Am Römerkastell 1, Bad Homburg v. d. Höhe
✆ (061 75) 937 40, www.saalburgmuseum.de
März–Okt. tägl. 9–18, Nov.–Feb. tägl. außer Mo 9–16 Uhr, Eintritt € 7/3 (6–17 J.)
Die Besucher tauchen ein in das Leben römischer Garnisonssoldaten.

Grenzwertige Mauer

RÖMERKASTELL SAALBURG

Bad Homburg vor der Höhe, Hessen

Beim Wort Limes werden bei vielen unangenehme Erinnerungen wach, denn im Mathematikunterricht brachte er viele Schüler zur Verzweiflung. Doch für die Römer war der Limes kein Grund zum Verzweifeln, er sollte sie vor den Germanen schützen. Stadtmauern waren nichts Unbekanntes und auch Dörfer besaßen oft eine hölzerne Palisade, um Eindringlinge abzuhalten. Aber dass eine Weltmacht über mehrere Hundert Kilometer einen Grenzwall errichtete, das war etwas gänzlich Ungewöhnliches. Unter Kaiser Domitian wurde die römisch-germanische Grenze durch die Palisaden, Mauern, Tore und Türme des Limes befestigt und für jeden sichtbar gemacht. Er führte von Abusina in der Provinz Raetia, dem heutigen Eining an der Donau, durch das heutige Baden-Württemberg und Hessen bis nach Rigomagus in der Provinz Obergermanien, dem heutigen Remagen in Rheinland-Pfalz.

Das Kastell Saalburg bei Bad Homburg ist ein Teil des Limes und lässt die Vergangenheit wieder lebendig werden, denn Kaiser Wilhelm II. sorgte von 1897 bis 1907 für dessen Rekonstruktion: mit Wohnhaus des Kommandanten (Praetorium), Stabsgebäude (Principia), Mannschaftsbaracken (Centuriae), Getreidespeicher (Horreum). Im Saalburgmuseum wird das Leben der Römer anschaulich geschildert, und für Kinder gibt es die Möglichkeit, sich selbst wie ein Römer zu fühlen: Regelmäßig findet die »Nox Romana« statt, die Römische Nacht, in der man sich im Bogenschießen messen, das Kastell erkunden und dann auch wie ein Legionär die Nacht dort verbringen kann – und dies ist nur eines von vielen museumspädagogischen Angeboten. Mittlerweile ist Kastell Saalburg zu einem archäologischen Park umgestaltet worden; das Praetorium wurde erweitert, ein zusätzliches, den Werkstätten (Fabricae) der Militärlager nachempfundenes Museumsgebäude errichtet, ferner entstanden zwei römische »Streifenhäuser«.

Wer mehr von der UNESCO-Welterbestätte Limes sehen möchte, dem sei der Limes-Radweg empfohlen. Mehr als 800 Kilometer führen entlang am größten Bodendenkmal Deutschlands. Dabei laden besonders Funde aus römischer Zeit und Museen zu einer kulturell und sportlich erlebenswerten Tour ein.

Info: Bad Homburg liegt ca. 25 km nordwestlich von Frankfurt am Main am Fuße des Taunus. **Info Römerkastell Saalburg:** Archäologischer Park, Am Römerkastell 1, 61350 Bad Homburg vor der Höhe, Tel. (061 75) 937 40, www.saalburgmuseum.de, Öffnungszeiten März–Okt. tägl. 9–18, Nov.–Feb. Di–So 9–16 Uhr, Eintritt € 7, ermäßigt € 3. **Info Limes:** Verein Deutsche Limes-Straße e. V., St.-Johann-Str. 5, 73430 Aalen, Tel. (073 61) 52 82 87 23, www.limesstrasse.de. **Reisezeit:** März–Okt.

Eine Statue Kaiser Augustus' begrüßt die Besucher des ehemaligen römischen Militärlagers am Limes bei Bad Homburg vor der Höhe.

Großer Feldberg

Vom Brunhildisfelsen hat man eine atemberaubende Fernsicht in das Usinger Land

Westlich von Bad Homburg umfasst der **Heilklima-Park Hochtaunus** das Gebiet zwischen Schmitten im Norden, Glashütten im Westen, Oberursel im Osten und Königstein sowie Kronberg im Süden und damit auch den **Großen Feldberg** ➡ bA3, den mit 881,5 Metern höchsten Gipfel des Taunus. Das **Gipfelplateau** mit dem Fernmeldeturm bietet einen tollen Ausblick auf das Mittelgebirge. Vom Aussichtsturm des Wandervereins Taunusklub schweift der Blick noch weiter in die Ferne. Am Selfie-Hotspot **Brunhildisfelsen** soll Brunhilde nach der Siegfried-Sage mit einem Dorn in den Schlaf versetzt worden sein.

Südöstlich liegt der **Altkönig** (798 m) ➡ bA3 und südwestlich der **Kleine Feldberg** (825 m) ➡ bA3, zahlreiche Wanderwege laden zur Erkundung des Walds ein. Ausführliche Informationen über das Gebiet hält das **Taunus Informationszentrum** in Oberursel-Hohemark bereit.

Anfahrt: U3 bis Oberursel-Hohemark, dann zu Fuß oder mit Bus 57.

Taunus-Informationszentrum ➡ bA4
Hohemarkstr. 192, 61440 Oberursel-Hohemark
☎ (061 71) 507 80
https://naturpark-taunus.de, https://taunus.info
Mo–Do 8–16, Fr 8–12 Uhr
Mit Verkauf von Wanderkarten und E-Bike-Verleih.

Aussichtsturm Taunusklub ➡ bA3
Gipfelplateau Großer Feldberg
Schmitten-Niederreifenberg
☎ (061 74) 95 58 282, https://taunusklub-stammklub.de
Mo–Mi 14–16, Do/Fr 13–16, Sa/So 10–18 Uhr
Eintritt € 2,50, bis 13 J. frei
Im Fuß des Turms erhält man die Tickets, mit Kiosk.

Schlittenfahrer am Fernmeldeturm auf dem Großen Feldberg

Königstein

Seit Mitte des 19. Jahrhunderts kommen Gäste zum Kuren nach **Königstein** ➜ bA/bB3 im Heilklima-Park Taunus. Ein schöner Kurpark mit Restaurant in der **Villa Borgnis** sowie Altstadtgässchen mit stilvoller Gastronomie und ausgefallenen Boutiquen laden zum Bumeln ein, das **Burg- und Stadtmuseum** befindet sich im historischen Alten Rathaus.

Den Mittelpunkt des Orts bildet die **Burg Königstein** ➜ bB3, eine der größten Burgruinen Deutschlands, die auf das 11. Jahrhundert zurückgeht. Hier residierten die Grafengeschlechter derer von Falkenstein und später derer von Eppstein. Obwohl die Burg 1796 von den Franzosen gesprengt wurde und anschließend die Steine durch Plünderung verschwanden, ist die Burganlage bis heute eindrucksvoll. Vom 454 Meter hohen Turm hat man eine fantastische Aussicht auf das Umland.

Vom Gipfel der Burg Königstein sieht man den Burgfried der nahen **Burgruine Falkenstein** ➜ bA3. Von dort blickt man auf die im Tal liegende Rhein-Main Ebene. Ihre Glanzzeit hatte die Burg im 14. Jahrhundert unter Philipp IV. von Bolanden.

Anfahrt: RB 12 bis Königstein. Nach Falkenstein weiter mit Bus 261 oder 84.

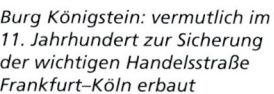

Burg Königstein: vermutlich im 11. Jahrhundert zur Sicherung der wichtigen Handelsstraße Frankfurt–Köln erbaut

Nördlich der heilklimatischen Kurorte Königstein und Falkenstein und der »Feldberggemeinde« Schmitten verwandelt sich pure Luft in Heilklima und Atmen wird zur Medizin

Tourist Information ➡ bB3
Hauptstr. 13 A, 61462 Königstein im Taunus
℡ (061 74) 20 22 51, www.koenigstein.de
Mo–Fr 9–15, Sa/So 10–14 Uhr
Mit Angebot von Heilklimawanderungen.

Burg- und Stadtmuseum Königstein ➡ bB3
Im Alten Rathaus, Kugelherrnstr., Königstein im Taunus
℡ (061 47) 214 55
www.heimatkundeverein-koenigstein.de
Sa/So 14–17.30 Uhr
Der Heimatverein gibt Einblicke in die Ortsgeschichte durch die Jahrhunderte.

Burg Königstein ➡ bB3
Burgweg, Königstein im Taunus
https://taunus.info
April–Okt. tägl. 10–19, Nov.–März Sa/So 10–17 Uhr
Eintritt € 3/1,50
In einer der größten Burgruinen Deutschlands finden in den Sommermonaten Veranstaltungen statt.

Burg Falkenstein ➡ bA3
Am Steingarten, Falkenstein, Königstein im Taunus
℡ (061 74) 20 22 51, www.koenigstein.de
April–Okt. tägl. 10–19 Uhr, Eintritt € 2/1
Burgruine mit Burgturm aus dem 15. Jh.

Villa Borgnis ➡ bB3
Kurhaus im Park, Hauptstr. 21 C, Königstein im Taunus
℡ (061 74) 936 30, www.villaborgnis.de
Di–Sa 10–23, So/Fei 11–18 Uhr
Das Restaurant-Café **Galerie** liegt zentral im Kurpark.

In Kronberg bilden die malerischen Altstadtgassen mit ihren mittelalterlich anmutenden Fachwerkhäusern ein sehenswertes Ensemble

Kronberg und Opel-Zoo

Das Städtchen **Kronberg** ➜ bB3 hat neben der ausnehmend romantischen **Burg** eine schöne Altstadt zu bieten. Die Aussichtsterrasse in der verwinkelten Anlage eröffnet einen atemberaubenden Blick auf die Skyline von Frankfurt, die man in der Ferne am Horizont erkennt. Die **Johanniskirche** im Ort beherbergt die Gräber der einstigen Burgherren von Cronburg, die noch bis ins 18. Jahrhundert hier herrschten.

Am Fuß der mittelalterlichen Burg entstand 1889 das neugotische **Schloss Friedrichshof** für die Witwe von Kaiser Friedrich III., Victoria von Großbritannien und Irland. Die Tochter der britischen Queen Victoria und des Prinzen Albert von Sachsen-Coburg und Gotha ließ das Schloss im Tudorstil englischer Herrensitze erbauen. Heute ist hier das **Schlosshotel Kronberg** untergebracht.

Zwischen Kronberg und Königstein gelegen ist der **Opel-Zoo** ➜ bB3 von den sattgrünen Wäldern und Wiesen des Taunus umgeben. Einen Blickfang bildet das naturnahe Gehege für Giraffen und Zebras gleich am Eingang. Von der Terasse des **Zoorestaurants Sambesi** kann man die Elefanten während der Fütterung beobachten. Angesichts der vielen Grillhütten und Picknickorte mit Spielplätzen ist das weitläufige Gelände bestens geeignet für einen Tagesausflug mit Kindern.

Anfahrt: S4 bis Kronberg, zum Opel-Zoo ab Kronberg Bahnhof weiter mit Bus 261, X26 oder X27.

*Burg Kronberg – herrschaftlich
thronen die alten Gemäuer
über den Taunus-Orten*

Burg Kronberg mit Museum für Stadtgeschichte ➡ bB3
Schlossstr. 10–12, Kronberg im Taunus
℅ (061 73) 77 88, www.burgkronberg.de
Burg Mi–Fr 13–17, Sa 13–18, So/Fei 11–18 Uhr
Museum Sa/So/Fei 13–17 Uhr
Eintritt Burg und Museum € 4/2
Die Innenräume der beeindruckenden Anlage sind nur mit Führung zu besichtigen (vgl. Website).

Opel-Zoo ➡ bB3
Am Opel-Zoo 3, Kronberg im Taunus
www.opel-zoo.de
Tägl. 9–18, Juni–Aug. bis 19, im Winter bis 17 Uhr
Eintritt € 15,50/8,50 (3–14 J.)
Landschaftszoo mit großzügigen Anlagen und rund 1600 Tieren aus über 230 Arten.

Rettershof in Kelkheim

Ab Ruppertshain, einem Kelkheimer Stadtteil, führt eine kurze Wanderung zum Hofgut **Rettershof** ➡ bB3. Ab dem 12. Jahrhundert befand sich hier ein Prämonstratenserkloster, dessen Bewohnerinnen sich der Krankenpflege und Armenfürsorge widmeten. Graf Ludwig von Stolberg-Königstein verwandelte das Kloster im 16. Jahrhundert in ein **Domänengut** und Anfang des 20. Jahrhunderts ließ dann die Familie von **Felix von Richter-Rettershof** das Hofgut in einem historisieren-

Skulpturen im Park der Stadt Kelkheim

*Der Rettershof
in Kelkheim*

Blick vom Zauberberg in Kelkheim-Ruppertshain

den Stil umgestalten. Es gibt einen Reiterhof und aus den Äpfeln der umliegenden Streuobstwiesen wird die »Rettershofer Apfel-Perle«, ein Apfel-Schaumwein, hergestellt.

Das **Romantik Hotel Schloss Rettershof** strahlt englisches Flair aus und lädt zum Nachmittagstee ein. Kein Wunder: 1884 kaufte der Brite Frederik Arnold Rodewald das Hofgut und ließ für seine Tochter Alice das Herrenhaus im Tudorstil erbauen. Heute kann man hier übernachten oder von der Terrasse des Restaurants **Retter's** die Aussicht genießen.

In Ruppertshain lebt die Krimiautorin **Nele Neuhaus**, deren Ermittler Pia Kirchhoff und Oliver von Bodenstein Kriminalfällen im Taunus nachgehen. Bei Titeln wie »Schneewitchen muss sterben«, »Wald« und »Böser Wolf« kann man erahnen, wo die Handlung spielt. Die Bücher wurden vom ZDF fürs Fernsehen verfilmt.

Anfahrt: RB 12 bis Kelkheim, dann weiter mit Bus 804 bis Ruppertshain.

Romantik Hotel Schloss Rettershof ➡ bB3
Rettershof 5, 65779 Kelkheim-Fischbach
✆ (061 74) 290 90, www.schlosshotel-rettershof.de
Restaurant Retter's Mi–Fr, So 12–14 und 18.30–22, Sa ab 18.30 Uhr
Haus mit englisch angehauchter Atmosphäre in romantischer Lage.

Zum fröhlichen Landmann ➡ bB3
Rettershof 2, Kelkheim-Fischbach
✆ (061 74) 215 41, www.zumfroehlichenlandmann.de
Mi–So ab 11 Uhr
Gutbürgerliche Küche gleich um die Ecke vom Rettershof.

Idstein

Im Altstadtkern von **Idstein** ➡ bA1 kann man sich an hessischem Fachwerk aus dem 15. bis 17. Jahrhundert sattsehen. Den Mittelpunkt bildet der **König-Adolf-Platz** mit dem **Killingerhaus** aus dem Jahr 1615, das mit aufwendigen Ornamenten heraussticht. Hier sind die Tourist Information und das **Stadtmuseum** untergebracht. An der Ecke zur Obergasse steht die **Unionskirche**, in ihrer heutigen Gestalt aus dem Jahr 1669. Innen beeindrucken opulente barocke Deckengemälde von Michael Angelo Immenraedt und Johann von Sandrart.

Hinter dem terracottafarbenen Rathaus aus dem Jahr 1698 zieht das **Schiefe Haus** von 1727 die Blicke auf sich. Eine Treppe führt hinauf zum mittelalterlichen **Kanzleitor** (1497), Teil der ehemaligen **Burganlage** aus dem 16. Jahrhundert. Der runde **Hextenturm** (1170) ist das älteste Gebäude der Stadt und ihr Wahrzeichen, denn man kann ihn von vielen Stellen aus sehen.

Das **ehemalige Residenzschloss** der Grafen von Nassau-Idstein im Renaissancestil wurde von Graf Ludwig II. 1614 in Auftrag gegeben. Die Idsteiner Neben-

Die Unionskirche entstand an der Stelle eines romanischen Vorgängerbaus unter Einbeziehung älterer Gebäudeteile um 1340 als Stiftskirche St. Martin

line des weitverzweigten hessischen Herrscherhauses starb jedoch bereits im Jahr 1721 aus. Der Bauleiter des Schlosses, Heinrich Höer, baute in der Obergasse um 1620 sein eigenes Fachwerk-Kleinod. Heute kann man dort im **Hotel Höerhof** übernachten und gut speisen.

Südlich von Idstein findet man auf der Dasbacher Höhe die **Nachbildung eines römischen Wachturms** ➡ bA1/2, an dem zur römischen Zeit entlang des Limes Wachtposten stationiert waren. Beim ehemaligen Kastell Alteburg bei Heftrich, von dem allerdings nichts mehr zu sehen ist, beginnt im Wald der **Limeserlebnispfad Untertaunus**.

Anfahrt: RB 22 bis Idstein.

Tourist Information und Stadtmuseum ➡ bA1
Killingerhaus, König-Adolf-Platz, 65510 Idstein
✆ (061 26) 50 57 70, www.idstein.de.
Stadtmuseum Di/Mi 8–12 und 14–17, Do/Fr 8–12 und 14–18, Sa 11–16, So/Fei 14–17 Uhr
Im Stadtmuseum erfährt man einiges über die nassauische Residenzstadt.

Höerhof Hotel und Restaurant ➡ bA1
Obergasse 26, Idstein
✆ (061 26) 500 26, www.hoerhof.de
Das Haus ist eine der letzten noch erhaltenen Renaissance-Hofreiten in Hessen. Im Viersterneambiente kann man sich von Chefkoch Christian Buer bekochen lassen.

Die Altstadt von Idstein mit Hexenturm

Luftaufnahme der Wohnstadt Limes

Schwalbach am Taunus

Schwalbach am Taunus ➡ bB3/4 liegt rund eine halbe Autostunde von Frankfurts Zentrum entfernt und damit am Rand des geschäftigen Treibens der Metropole. Dabei blickt der Ort auf eine lange Geschichte zurück: Bei Ausgrabungen fand man Hinweise auf eine frühzeitliche Besiedlung um 5300 v. Chr. und auf eine spätere römische villa rustica. Die **Nachbildung eines Viergöttersteins** aus dem Jahr 180 n. Chr., der im 19. Jahrhundert geborgen wurde, ist am südlichen Rand des Waldfriedhofs ausgestellt. Mit der **Wohnstadt Limes** wurde in den 1960er Jahren eine Stadt im Grünen sowie Schwalbachs neuer Mitte am Marktplatz angelegt. Städtebauliche Idee der Wohnstadt Limes ist, die Vorteile von Stadt und Land zu vereinen.

Schon für das 17. Jahrhundert sind in Schwalbach am Taunus zwei Gasthöfe verbürgt, denn durch das Dorf mit kaum zweihundert Einwohnern führte ein wichtiger Handelsweg von Frankfurt nach Köln, die

*Tradition in Alt-Schwalbach:
Gasthaus zum Hirschen,
bekannt als »Mutter Krauss«*

Im historischen Rathaus in Alt-Schwalbach empfängt heute ein Restaurant seine Gäste

Cölnische Hohe Heer- und Geleitstraße. In Schwalbach machten die Kaufleute mit ihren Gespannen Rast, um Kräfte zu sammeln für den Anstieg zum Taunus.

Das Gasthaus zum Hirschen, besser bekannt als **»Mutter Krauss«**, eröffnete in seiner heutigen Gestalt im Jahr 1799. Im 19. und Anfang des 20. Jahrhunderts war es ein Ausflugsziel für Frankfurter Familien, die es ins Grüne zog. Im gemütlichen Ortskern Alt-Schwalbachs wird traditionelle und kreative Gastlichkeit bis heute großgeschrieben. Bei einem Bummel durchs historische Zentrum sollte man unbedingt in eines der einladenden Cafés oder Gasthäuser einkehren.

Im Süden der Altstadt lohnt ein Besuch des **Arboretum Main-Taunus**. Der Baumpark entstand 1981 als Aufforstung zum Ausgleich für den Ausbau des Frankfurter Flughafens. Dort sind mehr als 600 Baum- und Straucharten der nördlichen Erdhalbkugel zu sehen. Jeweils eine Gruppe von Bäumen und Sträuchern repräsentiert einen Wald so, wie er auch in der Natur vorkommt. Auf Lehrpfaden erhält man einen Einblick in die Botanik der gemäßigten Zone auf der Nordhalbkugel.

Arboretum Main-Taunus ➡ bB3/4
Am Weißen Stein, Schwalbach
www.hessen-forst.de/arboretum
Frei zugänglich, Eintritt frei
Parkartige Waldlandschaft mit vielen Baum- und Straucharten.

Bad Nauheim

Der **Sprudelhof** ist das Wahrzeichen Bad Nauheims ➡ nördl. bA5 und die größte geschlossene Jugendstilanlage Europas. Der Bezug zum Wasser ist allgegenwärtig. Einst als Badeanlage genutzt ist der Sprudelhof ein eindrucksvolles Zeugnis der Verbindung von Architektur, freier und angewandter Kunst sowie Garten- und Platzgestaltung. Erbaut wurde die Badeanlage von Wilhelm Jost in den Jahren 1905 bis 1911. Sie besteht aus sechs Badehäusern mit Schmuckhöfen, Wartesälen, 265 Badezellen und zwei Verwaltungsgebäuden.

Nach dem Sprudelhof plante und erbaute Wilhelm Jost auch die **Trinkkuranlage**, die von 1910 bis 1912 entstand. Das Juwel der Trinkkuranlage bildet der achteckige Kurbrunnentempel, der im Innern über einen vergoldeten Quellenausschank verfügt. Ausgeschenkt werden auch heute noch die Heilwasser von Kur-, Karls- und Ludwigsbrunnen.

Neben dem Sprudelhof begeistern Besucher in Bad Nauheim vor allem die **Gradierbauten**. Mit einer Gesamtlänge von 650 Metern sorgen sie für eine frische Brise und sind im Sommer der perfekte Ort, um der

Die Trinkkuranlage im Zentrum der Stadt ist eine Oase der Ruhe

Der Sprudelhof ist die größte geschlossene Jugendstilanlage Europas

*Windmühlenturm und Gradier-
bau (links); Fans pilgern zum
alljährlichen European-Elvis-
Festival in Bad Nauheim (rechts)*

Hitze zu entfliehen. Besonders schön ist es am Morgen oder Abend, denn dann glitzern die Wassertropfen, wenn sich das Licht der Sonne bricht.

Auch für Rock'n'Roll-Fans hat die Stadt einiges zu bieten: **Elvis Presley**, der King of Rock'n'Roll, lebte von 1958 bis 1960 in Bad Nauheim. Dabei hat er zahlreiche Spuren hinterlassen, die heute noch faszinieren. Im Hotel Villa Grunewald kann man in seinem (fast) original erhaltenen Zimmer Nr. 10 schlafen und im Café Bienenkorb die Schokoladentorte probieren, die Elvis gern gegessen hat. Ein besonderer Ort ist die Burgforte in der Altstadt, an der sein berühmtes Plattencover von »A Big Hunk O' Love« entstand.

Anfahrt: RB 40 oder RB 41 bis Bad Nauheim.

Bad Nauheim Stadtmarketing und Tourismus GmbH
➤ nördl. bA5
In den Kolonnaden 1, 61231 Bad Nauheim
✆ (060 32) 92 99 20, www.bad-nauheim.de
Mo–Fr 10–18, Sa/So11–16 Uhr

Leica Welt im Leitz-Park Wetzlar

Für Leica-Enthusiasten, Fotografiebegeisterte und Gäste aus aller Welt ist mit dem **Leitz-Park** ➤ nördl. bA5 in Wetzlar ein einzigartiger Erlebnis- und Inspirationsort entstanden, der die Faszination der Marke Leica mit allen Facetten erlebbar macht. Es erwarten den Besucher hochkarätige Ausstellungen in der Leica Galerie und dem Ernst Leitz Museum, einmalige Einblicke in

Der Leitz-Park: Herz der Kamera- und Sportoptikmanufaktur der Leica Camera AG

die Kamera- und Sportoptikmanufaktur »Made in Germany« und eine spannende Unternehmensgeschichte. Tolle Events, abwechslungsreiche Führungen, ausgewählte Fotoworkshops, der Leica Store Wetzlar sowie das Café Leitz runden das Angebot ab. Das architektonisch einmalig gestaltete Ernst Leitz Hotel als Teil des Campus lädt zu einem besonderen Aufenthalt in Wetzlar ein.

Anfahrt: 45 Minuten von Frankfurt entfernt, an der A45 gelegen.

Leica Welt ➡ nördl. bA5
Am Leitz-Park 6, 35578 Wetzlar
✆ (064 41) 208 00, www.leica-camera.com, visitleitzpark@leica-camera.com, tägl. 10–18 Uhr

Alsfeld

Alsfeld ➡ nördl. bA5, das vom Geo-Magazin zu einer der zehn schönsten Kleinstädte Deutschlands gekürt wurde, liegt nicht nur an der bekannten deutschen Fachwerkstraße, sondern ist auch auf der deutschen Märchenstraße ein wichtiges Ausflugsziel. Mit über 420 sehr gut erhaltenen und größtenteils noch heute bewohnten Fachwerkhäusern nimmt diese Baukunst

Alsfelder Gassen – malerisches Fachwerk im Altstadtkern

ALTSTADT VON ALSFELD

Alsfeld, Hessen

Das schönste Rathaus Hessens, über 420 Fachwerkhäuser und eine märchenhafte Kulisse – was will man mehr? Alsfeld liegt mitten im Rotkäppchenland Schwalm-Knüll. Auch heute noch glaubt man, dass die Gebrüder Grimm durch die Schwälmer Trachten und die roten Kappen der jungen Mädchen zu dem beliebten Märchen inspiriert wurden. Die vorbildlich sanierte mittelalterliche Fachwerkstadt wurde nicht ohne Grund 1975 als europäische Modellstadt ausgezeichnet – ihre Bauten im Stil des mitteldeutschen Fachwerks suchen ihresgleichen. Der historische Stadtkern von Alsfeld: ein Augenschmaus.

Am Markt steht das spätgotische Rathaus, das mit seinen Türmen, Erkern und Rundbögen weit über die Stadtgrenzen hinaus bekannt ist. Das Anfang des 16. Jahrhunderts errichtete monumentale Bauwerk ist noch heute Amtssitz des Bürgermeisters. Das Erdgeschoss diente früher als Markthalle für Bäcker, Tuchmacher und andere, im ersten Obergeschoss befand sich ein großer Saal und darüber residierten in den mit Kaminen ausgestatteten Räumen die Ratsherren.

In unmittelbarer Nähe befindet sich das Weinhaus. Es wurde 1538 als städtisches Weinlager mit Ausschank gebaut. Heute ist das denkmalgeschützte Weinhaus Hauptsitz der Alsfelder Verwaltung – schöner lässt es sich kaum arbeiten.

Direkt an das Weinhaus ist das älteste Fachwerkhaus der Stadt angebaut, das auf das Jahr 1350 zurückgeht. Sehenswert ist auch das Hochzeitshaus, eines der wenigen Steingebäude aus dem 16. Jahrhundert, das als städtisches Tanz- und Festhaus im Renaissancestil errichtet wurde und ein Zeugnis des damaligen Reichtums der Stadt darstellt. Als Hauptkirche der Stadt gilt die evangelische Walpurgiskirche, die

Fachwerk-Märchenkulisse: die Altstadt von Alsfeld mit dem historischen Rathaus rechts.

im Laufe der Zeit mehrfach umgebaut wurde.

Wer sich nach einem Rundgang durch Straßen, Gassen und Winkel doch wieder den Gebrüdern Grimm zuwenden möchte, sollte im Alsfelder Märchenhaus vorbeischauen und dort den Geschichten von verwunschenen Prinzen, listigen Zwergen und von Rotkäppchen lauschen.

INFO: Alsfeld liegt 40 km von Marburg und 50 km von Gießen entfernt. **INFO ALSFELD:** Tourist Center, Markt 3, 36304 Alsfeld, Tel. (066 31) 18 21 65, www.alsfeld.de. **INFO ALSFELDER MÄRCHENHAUS:** Sackgasse 2, Alsfeld, https://märchenhaus.com, Öffnungszeiten Sa 10.30–12.30 und 14–17, So 14–17 Uhr, Eintritt € 3, ermäßigt € 2.

*Alsfelder Grabbrunnen –
ein verträumter Ort mitten
in der Innenstadt*

in der Stadt eine große Rolle ein. Für den guten Erhalt des Fachwerks trägt Alsfeld seit dem Jahr 1975 den Titel »Europäische Modellstadt für Denkmalschutz«. Weltweit bekannt ist Alsfeld für seinen beeindruckenden Altstadtkern. Die Markplatzszenerie, bestehend aus Rathaus, Walpurgiskirche, Weinhaus und vielen weiteren Fachwerkhäusern, ist ein beliebtes Fotomotiv.

Alsfeld trägt den Titel »**Die Rotkäppchen Stadt**«, da die Gebrüder Grimm das Märchen hier geschrieben haben sollen. Anlass und Inspiration gab die Tracht der Schwälmer Frauen, zu der ein rotes Häubchen gehört. Rotkäppchen und zahlreiche andere Märchen kann man heute im Märchenhaus erleben. In dem 1628 erbauten Fachwerkhaus werden Märchen mit lebensgroßen Puppen dargestellt und auch eine Puppenstubensammlung aus dem 19. Jahrhundert ist zu bestaunen.

Anfahrt: etwa 100 km nordöstlich von Frankfurt am Main an der A5 gelegen.

Tourist Center Alsfeld ➡ nördl. bA5
Markt 3, 36304 Alsfeld
☎ (066 31) 18 21 65, www.alsfeld.de
Im Sommer Mo–Fr 9.30–18, Sa10–15.30 Uhr, im Winter Mo–Fr 10–15.30, Sa 10–13 Uhr

Alsfelder Märchenhaus ➡ nördl. bA5
Sackgasse 2, Alsfeld
☎ (066 31) 18 21 65, https://märchenhaus.com
Sa 10.30–12.30 und 14–17, So 14–17 Uhr
Eintritt € 3/2 (bis 16 J.)
Hier kann man Märchen erleben und Puppenstuben bestaunen.

Mainzer Gasse mit
urigen Lokalitäten
und Geschäften
in Alsfeld

Auf den Spuren der Brüder Grimm

DEUTSCHE MÄRCHENSTRASSE

Ab Hanau, Hessen

Wo waren die sieben Zwerge zu Hause? In welchem Wald verirrten sich Hänsel und Gretel? Und wo muss man sich wie Rotkäppchen vor dem bösen Wolf in Acht nehmen? Wer sich wie Hans im Glück auf eine Reise ins Abenteuer begeben möchte, der sollte auf der Deutschen Märchenstraße den Spuren der Brüder Grimm folgen.

Auf 600 Kilometern von Hanau, dem Geburtsort von Jacob (1785–1863) und Wilhelm (1786–1859) Grimm, bis Bremen passiert sie mehr als 60 Städte, Gemeinden und Landkreise, die eng mit den Lebensstationen der Brüder verbunden sind. Hier sammelten sie ihre fantastischen Geschichten, Märchen, Sagen, Mythen und Legenden, die 2005 von der UNESCO in das Weltdokumentenerbe aufgenommen wurden.

Auf den Spuren von Schneewittchen, Frau Holle und den Bremer Stadtmusikanten trifft der Besucher auf Orte mit poesievollen Namen wie das Kinzigtal zwischen Vogelsberg und Spessart; »Rotkäppchenland« nennt sich die Urlaubsregion SchwalmKnüll mit dem weiten Schwälmerland und dem hügeligen Knüllgebirge; der Chattengau südlich von Kassel gehört ebenso dazu wie das Eichsfeld und das Weserbergland. Der Besucher durchstreift Mittelgebirgs- und Flusslandschaften und erlebt die Romantik der historischen Burgen und Schlösser – eine attraktive Mischung aus Kunst, Kultur und Geschichte.

Ob man mit dem eigenen Auto, mit Fahrrad, Bus, Bummelbahn oder Flussdampfer reist – die Deutsche Märchenstraße erweckt in jedem die Träume aus Kindertagen zum Leben. Ein besonderer Tipp ist der Radwanderweg entlang der Weser.

In Bodenwerder darf gelogen werden, was das Zeug hält – schließlich gibt es hier auf dem ehemaligen Gutshof der Familie Münchhausen ein Museum, das einen guten Einblick in das fantastische Leben des Lügenbarons gewährt.

INFO: Der Startort Hanau liegt etwa 20 km östlich von Frankfurt am Main. **INFO DEUTSCHE MÄRCHENSTRASSE:** www. deutsche-maerchenstrasse.de, Brüder Grimm Märchenfestspiele, Hanau, Mitte Mai–Ende Juli, www.festspiele.hanau.de.

Ein Denkmal für die berühmten Märchensammler: die Brüder Grimm in Hanau.

Wein, so weit das Auge reicht

Streifzüge durch den Rheingau

Die Weinberge der Kulturlandschaft **Rheingau** erstrecken sich an den Südhängen des Rhein-Taunus bis hinunter zum Rhein. Zwischen Wiesbaden und Lorch befinden sich am Rheinbogen Publikumsmagneten wie Eltville oder Rüdesheim mit der bekannten Drosselgasse. Seit 2002 gehört das Obere Mittelrheintal mit seinen durch den Weinbau geprägten Hängen, dem schmalen Uferstreifen, an den sich pittoreske Orte und Gipfel mit Burgen, Schlössern und Klöstern klammern, zum UNESCO-Welterbe.

Auf rund 3000 Hektar werden hier etwa 20 Millionen Liter Wein pro Jahr hergestellt, darunter vor allem weißer Riesling, aber auch roter Spätburgunder. An Weinprobierständen und in Vinotheken kann man die Vielfalt der edlen Tropfen testen und sich mit Weinen für zu Hause eindecken. Bei Weinfesten geben sich die Weinmajestäten der Region ein Stelldichein.

Viele Wander- und Radwege führen durch die Weinberge, so zum Beispiel der **Rheinsteig** (www.rhein steig.de), die **Wisper Trails** (https://wisper-trails.de), der **Rheingauer Gebückwanderweg** oder der **Rheingauer Radwanderweg** (beide: www.rheingau.de).

RHEINGAU

Hessen

D er hier angebaute Wein genießt wahrlich Weltruf. Hauptsächlich wird auf den Lehm- und Lößhängen am Rhein Riesling angepflanzt, der sich in dem milden Klima äußerst wohl fühlt und den Weintrinker mit hoher

Qualität verwöhnt. Viele berühmte Weingüter, wie das Schloss Johannisberg, das auf eine über 900 Jahre während Weingeschichte zurückblicken kann, fordern geradezu zu einer Weinprobe auf.

Auf dem Johannisberg wurde auch die Spätlese erfunden: Als das Gut noch im Besitz des Fürstbischofs von Fulda war, durfte die Weinlese erst dann beginnen, wenn die

Mit dem vielleicht schönsten Blick über den Rheingau: Schloss Johannisberg.

offizielle Erlaubnis vorlag. Leider verspätete sich 1775 der Bote, und als die Mönche endlich mit der Lese beginnen konnten, waren die Trauben in ihren Augen schon verdorben, denn sie waren klein und schrumpelig. Liebhaber der Spätlese können dem Boten, warum auch immer er sich verspätet hat, dankbar sein.

Das Kloster Eberbach ist nicht nur Zeugnis imposanter mittelalterlicher Klosterarchitektur, sondern auch eine Pilgerstätte für Weinkenner. Schon im Mittelalter war die ehemalige Zisterzienserabtei, die von Bernhard von Clairvaux 1136 gegründet wurde, eines der erfolgreichsten Handelsunternehmen der Welt. Heute widmet sich das Hessische Staatsweingut mit Weinproben und Weinseminaren der Vermittlung von Wissen rund um die edlen Tropfen. Die klösterlichen Gewölbe mit ihren zwölf historischen Weinpressen gelangten in den 1980er Jahren zu Weltberühmtheit, denn hier wurde

der Roman »Der Name der Rose« von Umberto Eco mit Sean Connery verfilmt.

Zahlreiche Wanderwege führen bis zu 120 Kilometer durch die grünen Täler des Rheingaus, vorbei an Weinbergen, Klöstern, Schlössern und Burgruinen, die sich an den Hängen des Rheins aufreihen und Geschichten vergangener Zeiten erzählen.

Der acht Kilometer lange Wanderweg von Kaub nach Lorch führt durch den alten »Freistaat Flaschenhals«. Nach dem Ersten Weltkrieg hatten Frankreich und die USA ein kleines Stück Rheingau aufzuteilen vergessen. Ihre Besatzungsgrenzen verliefen so, dass eine Region entstand, die keiner Macht zugeschlagen war. Die Bewohner riefen den »Freistaat Flaschenhals« aus. Immerhin vier Jahre hatte das fragile Staatsgebilde Bestand.

INFO: Der Rheingau erstreckt sich von Lorch bis Walluf. **INFO RHEINGAU:** Rheingau-Taunus Kultur und Tourismus GmbH, Rheinweg 30, 65375 Oestrich-Winkel, Tel. (067 23) 60 27 20, www.rheingau.com, www.kulturland-rheingau. de. **INFO RHEINGAU MUSIK FESTIVAL:** www. rheingau-musik-festival.de. **INFO RHEINGAUER GOURMET- UND WEINFESTIVAL:** www. rheingau-gourmet-festival.de. **REISEZEIT:** Im Frühjahr.

Eltville

Im Sommer, wenn das Wasser des Rheins in der Sonne glitzert, fühlt man sich in **Eltville** ➡ westl. bC1 in südliche Gefilde versetzt. Am Rheinufer prägt die **Kurfürstliche Burg** mit ihrem Rosengarten das Bild. Als die Mainzer Erzbischöfe den Rheingau regierten, erbauten sie die Burg 1329 als ihren Verwaltungssitz und residierten dort bis ins 15. Jahrhundert.

Nur ein Stück weiter östlich erhebt sich die neugotische **Burg Crass**, die schon im 11. Jahrhundert, zu Zeiten von Kaiser Barbarossa, entstand. Heute beherbergt sie eine Eventlocation.

Ebenfalls beeindruckend ist der **Eltzer Hof**, ein historischer Adelshof im Besitz der Familie zu Eltz. Das Haupthaus im Stil der Spätgotik und frühen Renaissance schließt direkt an die Stadtmauer an.

Anfahrt: RB 10 bis Eltville.

Tourist Information ➡ westl. bC1
Kurfürstliche Burg, Burgstr.1, 65343 Eltville am Rhein
✆ (061 23) 909 80, www.eltville.de
Tägl. 11–16, Nov.–März nur bis 15.30 Uhr
Hier bekommt man Infomaterial und kann Führungen buchen.

Eltville am Rhein mit der Kurfürstlichen Burg im Hintergrund

Kiedrich

Das ruhige Weinörtchen **Kiedrich** ➡ westl. bC1 oberhalb von Eltville wird von den Türmen der **Valentinsbasilika** überragt. Die Wallfahrtskirche wurde 1380 erbaut, um die 1350 vom Kloster Eberbach nach Kiedrich gelangten Reliquien des heiligen Valentin zu beherbergen. Im Inneren des Sandsteinbaus sind das gotische Kirchengestühl und drei Flügelaltäre erhalten. Kernstück ist die **Kiedricher Madonna**, erschaffen um 1350. Ein großzügiger Gönner, Baron John Sutton, sorgte 1857 für eine Restaurierung.

Das 1116 erstmals erwähnte **Kloster Eberbach** ließen die Mainzer Bischöfe errichten. Die beeindruckende Anlage, heute von einer gemeinnützigen Stiftung getragen, ist ein Touristenmagnet. Im 12. Jahrhundert führten die Zistersienser ein asketisches Leben, wie das romanische Bauwerk verdeutlicht. Die fast vollständig erhaltene Abtei wurde 1985 zum Drehort für Jean-Jacques Annauds Verfilmung des Romans »Der Name der Rose« von Umberto Eco. In neuerer Zeit wurden auch Folgen der Serie »Game of Thrones« hier gedreht.

Im 16. Jahrhundert war der Weinbau ein Haupterwerbszweig der Mönche und der **Cabinetkeller** mit den großen Weinfässern entstand. Die Vinothek präsentiert die Vielfalt der Weine aus den klostereigenen Gütern.

Anfahrt: RB 10 bis Eltville, dann weiter mit Bus 172 bis Kiedrich oder Kloster Eberbach.

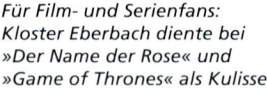

Für Film- und Serienfans: Kloster Eberbach diente bei »Der Name der Rose« und »Game of Thrones« als Kulisse

Säulengang im Kloster Eberbach

Basilika St. Valentin ➡ westl. bC1
Suttonstr. 1, Kiedrich
https://kiedrich.bistumlimburg.de
Mo–Fr 10.30–12.30 (nur März–Okt.), Sa 10.30–12.30,
So/Fei 14.30–16 Uhr
Die Wallfahrtskirche ist ein gotisches Kleinod.

Kloster Eberbach ➡ westl. bC1
Eltville am Rhein
✆ (067 23) 917 81 15, https://kloster-eberbach.de
Mo–Fr 10–19, Sa/So 9–19 Uhr
Die ausgedehnte Klosteranlage bietet genug Abwechslung für mehrere Stunden, mit thematischen Führungen, Laden und Weinprobe.

Oestrich-Winkel

Oestrich-Winkel ➡ westl. bC1 vereint vier traditionsreiche Weinorte, wobei das namhafte **Hallgarten** Anfang des 19. Jahrhunderts auch als Treffpunkt der Streiter für die deutsche Einheit von sich reden machte. In Oestrich am Rheinufer verdeutlicht der historische **Weinverladekran**, wie sehr der Weinbau das wirtschaftliche Leben beeinflusst hat.

Die einstige Wasserburg **Schloss Vollrads** geht auf die Familie von Greiffenclau zurück, die noch bis ins 20. Jahrhundert die hiesigen Weinberge bewirtschaftete. Heute gehören diese zum Verband der Prädikatsweinhersteller.

Im Ortsteil **Winkel** locken die verwunschene Altstadt und das **Brentanohaus**. Unauslöschlich mit den Romantikern verbunden ist der Ort durch die Familie Brentano.

Von Wasser umgeben: Schloss Vollrads in Oestrich

*Lebensmittelpunkt der Familie
Brentano in Oestrich-Winkel*

Das hiesige Anwesen entwickelte sich ab 1806 zu einem geistig-kulturellen Zentrum der Rheinromantik. Angeblich hat die Lage des Hauses am Rhein sogar Goethe beflügelt, der hier einen Teil seiner »Italienreise« geschrieben haben soll. Nach dem Tod ihres Bruders Clemens Brentano kümmerte sich seine Schwester **Bettine von Arnim** um die Veröffentlichung seiner poetischen Werke und gelangte auch durch ihre eigenen Dichtungen zu Ruhm. Zu den namhaften Besuchern der Familie Brentano gehörten neben Goethe auch die Brüder Wilhelm, Jacob und Ludwig Emil Grimm. Das Haus ist nicht zuletzt wegen der vielen Originalstücke sehenswert. **Anfahrt:** RB 10 bis Oestrich-Winkel.

Tourist Information ➡ westl. bC1
Hauptstr. 87, 65375 Oestrich-Winkel
✆ (067 23) 601 28 06, www.oestrich-winkel.de
April–Okt. Mo–Fr 10–14, Sa 10–16, So/Fei 11–15, Nov.–März tägl. 11–14 Uhr

Brentanohaus ➡ westl. bC1
Am Lindenplatz 2, Oestrich-Winkel
www.brentano-haus.de
Wegen Sanierung Führungen derzeit nur nach vorheriger Anfrage, Kontaktformular auf der Website
Mit original erhaltenen Räumen aus dem 19. Jh.

Schloss Vollrads Vinothek ➡ westl. bC1
Oestrich-Winkel
✆ (067 23) 66 0, www.schlossvollrads.com
Mo–Fr 10–18, Sa/So/Fei 12–18 Uhr
Hier kann man vor dem Kauf verkosten.

Geisenheim

In der Altstadt von **Geisenheim** ➡ westl. bC1 steht vor dem Rathaus eine mehr als 700 Jahre alte Sommerlinde. Beeindruckend ist auch der sogenannte **Rheingauer Dom**, dessen Langhaus aus dem 16. Jahrhundert im 19. Jahrhundert erweitert wurde. Das **Schloss Schönborn** wurde 1550 von den Herren von Stockheim erbaut und gelangte später in den Besitz von Erzbischof Johann Philipp von Schönborn.

Für angehende Winzer ist die **Hochschule Geisenheim** eine wichtige Adresse. Sie entstand aus der 1872 gegründeten »Königlich Preußischen Lehranstalt für Obst- und Weinbau«, noch heute wird hier nicht nur gelehrt, sondern auch geforscht.

Das barocke **Schloss Johannisberg** begann sein Dasein als Benediktinerkloster. Ab 1816 gehörte es dem österreichischen Außenminister Fürst von Metternich. Auf den Hängen rund um den Schlosshügel mit Blick auf den Rhein werden heute Spitzen-Rieslinge angebaut. Schloss Johannisberg ist ein Prädikatsweingut im VDP (Verband Deutscher Prädikats- und Qualitätsweingüter) und hat seine eigene Weinlage. Im Schlosskeller befindet sich eine Schatzkammer der besonderen Art:

Wandern im Rheingau bei Schloss Johannisberg

»Spätlesereiter« im Schlosshof

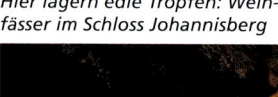

Hier lagern edle Tropfen: Weinfässer im Schloss Johannisberg

In der **Bibliotheca Subterranea** lagern erlesene alte Weine, die bis auf das Jahr 1748 zurückgehen. Bei einer Weinprobe mit Kellerführung kann man einen Blick in die altehrwürdigen Gemäuer werfen.

Im Innenhof des Schlosses erinnert das Standbild des »**Spätlesereiters**« an die zufällige Entdeckung der Edelfäule an Trauben. Die letzte Bewohnerin des Hauses Metternich war Tatiana Hilarionowna Prinzessin von Metternich-Winneburg, die altem russischen Adel entstammte. Sie war 1987 Mitbegründerin des **Rheingau Musik Festivals**. Die Konzerte finden unter anderem in der Basilika und im Schlosssaal statt.
Anfahrt: RB 10 bis Geisenheim.

Schloss Johannisberg ➡ westl. bC1
Fürst von Metternich – Winneburg'sche Domäne Geisenheim
✆ (067 22) 700 90, https://schloss-johannisberg.de
Eine Weinprobe mit Kellerführung kostet € 25/Person.

Rheingau Musik Festival
✆ (067 23) 60 21 70, www.rheingau-musik-festival.de
Das Festival zählt mit über 150 Konzerten an ungewöhnlichen Spielstätten zu den größten durch private Sponsoren finanzierten Musikfestivals Europas. Klassik, Jazz und junge Musiker erhalten eine Plattform.

Die Brömserburg aus dem 11. Jahrhundert

Rüdesheim am Rhein

Pro Jahr kommen etwa drei Millionen Touristen nach **Rüdesheim** ➡ westl. bC1. Verlockend sind die einzigartige Lage des Orts mit weitem Blick über den Rhein, die vielen Weinkneipen und nicht zuletzt das alljährliche Feuerwerkspektakel »Rhein in Flammen«.

An der Uferstraße zwischen Rhein und Weinbergen befindet sich die stets bevölkerte Promenade mit Restaurants und Nippesgeschäften. Ruhiger geht es auch in der **Drosselgasse** (www.drosselgasse.de) nicht zu. Hier wird auf 144 Metern Weinseeligkeit mit deftiger Gastronomie und Musik geboten. Unweit steht der **Brömserhof,** ein alter Adelssitz aus dem 13. Jahrhundert, Sitz des kuriosen **Museums für Mechanische Musikinstrumente.** Die **Brömserburg** am Rhein stammt aus dem 11. Jahrhundert und beherbergt das Rheingauer Weinmuseum.

Gleich hinter dem Ort geht es hinauf in die Weinberge, überragt vom **Niederwalddenkmal** mit der »Germania«, zu der man auch mit einer Kabinenseilbahn gelangt. Der Erinnerung an die Einigung und Reichsgründung Deutschlands nach dem Deutsch-Französischen Krieg 1871 gewidmet, wurde das Denkmal 1883 eingeweiht. Im selben Jahr wurde König Wilhelm I. in Versailles zum Deutschen Kaiser ernannt. Zentrales Element ist die zwölfeinhalb Meter hohe Figur der walkürenhaften »Germania«, die die Reichskrone hält. Im Sockelrelief sind 133 Figuren zu sehen, darunter König Wilhelm I., auch einige Strophen der nationalistischen Hymne »Wacht am Rhein« sind abgebildet. Durch die

DROSSELGASSE UND WEINBERGE

Rüdesheim am Rhein, Hessen

Schon die Römer erkannten, dass sich die Hänge rund um Rüdesheim hervorragend zum Weinanbau eignen, und auch heute noch gedeihen an Schlossberg, Berg Roseneck und Berg Rottland erlesene Tropfen. Ihre idyllische Lage am Rheinufer prädestiniert die sanften Hügel zudem für ausgedehnte Wanderungen.

Entlang des offiziellen Rüdesheimer Weinpfades informieren zahlreiche Tafeln über Anbau und Herstellung des Rebsaftes. Da der Lehrpfad nur einen Kilometer lang ist, empfehlen sich weitere Touren durch die traditionelle Winzerregion, die Teil des UNESCO-Welterbes Oberes Mittelrheintal ist.

Ein Spaziergang zur Burg Ehrenfels oder zum Niederwalddenkmal – zu dem auch eine Seilbahn fährt – wird mit grandiosen Ausblicken auf das Rheintal belohnt, und natürlich sollte man Rüdesheim nicht verlassen, ohne einige Kostproben der lokalen Weine genossen zu haben.

Inmitten der mittelalterlichen Altstadt befindet sich die vielleicht berühmteste Gasse der Welt: die kopfsteingepflasterte, lediglich zwei Meter breite Drosselgasse. Auf nur 144 Metern Länge reihen sich hier Cafés, Restaurants und Bars in historischen Fachwerkhäusern aneinander und laden bereits am späten Vormittag mit Livemusik und Tanz zur Einkehr ein. Dabei reicht die Bandbreite von rheinischer Stimmungsmusik über Gitarrenspiel bis hin zu aktuellen Charts. Bis weit nach Mitternacht feiern hier Rüdesheimer und Gäste aus aller Herren Länder gemeinsam in den urigen Winzerstuben – und das bereits seit 1727, denn damals eröffnete in dem Gässchen das erste Weinlokal. Ein besonderes Erlebnis ist eine Weinprobe in einem der zahlreichen Gewölbekeller.

Jährlich besucht von Millionen Gästen: die Drosselgasse in Rüdesheim am Rhein.

INFO: Rüdesheim liegt ca. 30 km südwestlich von Wiesbaden im Rheingau-Taunus-Kreis.
INFO RÜDESHEIM: Rüdesheim Tourist AG, Rheinstr. 29 A, 65385 Rüdesheim am Rhein, Tel. (067 22) 90 61 50, www.ruedesheim.de.

nachfolgenden Weltkriege erhielt das Denkmal deutschen Stolzes einen negativen Beigeschmack. Dennoch ist es bei Touristen schon allein wegen der Aussicht beliebt.

Anfahrt: RB 10 bis Rüdesheim am Rhein.

Tourist Information ➡ westl. bC1
Rheinstraße 29 A, 65385 Rüdesheim am Rhein
✆ (067 22) 90 61 50, www.ruedesheim.de
Mo–Do 9–17, Fr 9–17.30, Sa/So/Fei 9–16 Uhr

Kabinenseilbahn Rüdesheim
Oberstraße 37, Rüdesheim am Rhein
✆ (067 22) 24 02, www.seilbahn-ruedesheim.de
März–Nov., Kernzeiten 10–18 Uhr, einfache Fahrt € 6/3

Rheingauer Weinmuseum ➡ westl. bC1
Rheinstraße 2, Rüdesheim am Rhein
✆ (067 22) 23 48, www.rheingauer-weinmuseum.de,
www.broemserburg.de, wegen Sanierung geschl.
In der Brömserburg erhält man Einblicke in den Weinbau.

Siegfrieds Mechanisches Musikkabinett ➡ westl. bC1
Oberstraße 29, Rüdesheim am Rhein
✆ (067 22) 492 17, www.smmk.de
Tägl. außer Mo 11–17 Uhr, Eintritt € 8/4
Rund 350 selbstspielende Musikinstrumente aus drei Jahrhunderten werden gezeigt. ■

Zu den Höhepunkten eines Aufenthalts in Rüdesheim am Rhein gehört die Fahrt mit der Kabinenseilbahn zum Niederwalddenkmal

Ein musikalisches Abenteuer mit antiken Computern, die Musik machen, erleben Besucher des Mechanischen Musikkabinetts

Germania auf festem Sockel

Niederwalddenkmal bei Rüdesheim

Rüdesheim am Rhein, Hessen

M an war wieder wer. Endlich war dank Bismarck Deutschland geeint und Wilhelm I. zum Kaiser gekrönt –in Versailles sogar, im Wohnzimmer der französischen Könige, die lange versucht hatten, den Deutschen das

Leben schwer zu machen. Hoch über dem Rhein, sichtbar schon von Weitem, steht die Germania mit der Kaiserkrone in der Hand, der Denkmal gewordene Triumph über den Erzfeind Frankreich.

1871 hatte Deutschland die Franzosen am gegenüberliegenden Rheinufer besiegt

Niederwalddenkmal oberhalb von Rüdesheim am Rhein.

und meldete sich damit zurück im Kreis der europäischen Mächte.

Sechs Jahre später wurde der Grundstein zum Niederwalddenkmal gelegt, im Jahr 1883 fand die feierliche Einweihung statt, selbstverständlich in Anwesenheit des Kaisers. Der Architekt Karl Weißbach und der Bildhauer Johannes Schilling errichteten das knapp 38 Meter hohe Denkmal mit dem imposanten, reich verzierten Sockel. Die fein gearbeiteten Reliefs, die an den Sieg über Frankreich erinnern, stießen schon damals mit ihrem eindeutig nationalistischen Charakter nicht bei allen Zeitgenossen auf uneingeschränkte Zustimmung.

Das Niederwalddenkmal thront weithin sichtbar 225 Meter über dem Rhein inmitten eines englischen Landschaftsgartens. Dabei war der Ort für das Denkmal sehr passend gewählt, denn die Franzosen sahen zu jener Zeit den Rhein als ihre Ostgrenze an.

Hinauf geht es zu Fuß oder mit einer der Seilbahnen von Rüdesheim oder Assmannshausen. Von der Plattform können Besucher die traumhafte Aussicht ins Rheintal genießen. Im Jahr 2002 wurde das Obere Mittelrheintal zur UNESCO-Weltkulturerbestätte erhoben.

Info: Rüdesheim liegt ca. 30 km südwestlich von Wiesbaden. **Info Rüdesheim:** Rüdesheim Tourist AG, Rheinstr. 29 A, 65385 Rüdesheim am Rhein, Tel. (067 22) 90 61 50, www.ruedesheim.de. **Info Niederwalddenkmal:** Am Niederwald, Rüdesheim, www.niederwalddenkmal.de.

Durch die Weiden, durch die Auen

KÜHKOPF-KNOBLOCHSAUE

Groß-Gerau, Hessen

Mit 24 Quadratkilometern ist das Gebiet um die Rheininsel Kühkopf das größte Naturschutzgebiet Hessens und gleichzeitig UNESCO-Europareservat. Hier kann man nicht nur die urwüchsige Flussauenlandschaft mit ihrer Vogelvielfalt genießen, man kann sich auch im Bildungszentrum mit dem Naturraum auseinandersetzen.

Das Gebiet bildet den größten zusammenhängenden naturnahen Auenkomplex am Oberrhein. Wegen ihrer besonderen ökologischen Bedeutung wurde die Rheininsel Kühkopf schon 1952 unter Naturschutz gestellt, später kam die nördlich anschließende Knoblochsaue dazu. Auf engstem Raum wechseln sich Wasserflächen ab mit offenen Schlammfluren, Auenwiesen, Kraut- und Strauchgürtel sowie Weich- und Hartholz-Auenwäldern.

Das Bildungszentrum liegt nahe der Stockstädter Brücke und bietet einen idealen Einstieg. Im Ausstellungsbereich können die Besucher per Knopfdruck ein Hochwasser simulieren und sich umfassend über den Lebensraum Aue mit seinen speziellen Tier- und Pflanzenarten informieren.

Praktisch geht es im Außenbereich zu: Auf dem Auen-Erlebnis-Pfad lernen nicht nur die Kinder mit verbundenen Augen, was es mit dem Lebensraum zwischen Hochwasser, Trockenperioden und Flussbegradigung auf sich hat.

Insgesamt gibt es 60 Kilometer Wanderwege mit diversen »Beobachtungsposten« für Hobby-Ornithologen. Hier leben rund 250 Vogelarten, darunter auch der Schwarzmilan, der Symbolvogel des Kühkopfs.

Sehr schön ist der 17 Kilometer lange Rundweg über die alten Sommerdeiche. Besonders zu empfehlen ist eine Kanutour auf dem Altrhein. Zur Stärkung für unterwegs nehmen Sie sich

Blühender Bärlauch im Auenwald der Rheininsel Kühkopf.

einfach etwas Obst mit, denn auf dem Kühkopf gibt es mehr als 2000 Obstbäume und allein 30 Apfelsorten.

INFO: Groß-Gerau liegt zwischen Wiesbaden und Darmstadt. **INFO UMWELTBILDUNGSZENTRUM »SCHATZINSEL – KÜHKOPF«:** Hofgut Guntershausen, Außerhalb 27, 64589 Stockstadt am Rhein, Tel. (061 58) 18 86 03 9, https://schatz insel-kuehkopf.hessen.de, Öffnungszeiten April–Okt. Di–Fr 14–18, Sa/So/Fei 10–18, Nov.–März Di–Fr 14–17, Sa/So/Fei 9–17 Uhr, Führungen für Gruppen auf Anfrage, auch Fachexkursionen sind möglich.

KLOSTER ARNSBURG

Lich, Hessen

Mitten im kleinen bewaldeten Wettertal bei Lich befindet sich das ehemalige Zisterzienserkloster Arnsburg, von dem noch einige Gebäude erhalten sind. Am eindrucksvollsten ist die Ruine der spätromanischen und frühgotischen Kirche von 1246, deren Mauerkrone langsam von Bäumen und Grün überwuchert wird und das denkmalgeschützte Areal verwunschen wirken lässt.

Im Jahre 1174 gründete Kuno I. von Münzenberg das Kloster. Und dies mit großem Erfolg: Das Kloster prosperierte, die Zahl der Mönche, ihr Grundbesitz und die seit der Mitte des 13. Jahrhunderts verliehenen Ablässe nahmen zu. Im 15. Jahrhundert wurde das Kloster während kriegerischer Auseinandersetzungen schwer beschädigt, noch schlimmere Verwüstungen brachte der Dreißigjährige Krieg, sodass die Abtei vorübergehend aufgegeben werden musste.

Im 18. Jahrhundert erlangte Arnsburg eine neuerliche Blüte, in der viele weitere Gebäude entstanden. Nach der Säkularisierung 1803 gelangte die ganze Anlage an die Grafen zu Solms-Laubach, denen sie auch heute noch gehört. Zahlreiche Gebäude verfielen nach der Auflösung oder wurden abgetragen.

Die gesamte Architektur ist heute durch die barocken Bauten des 17. und 18. Jahrhunderts geprägt, die noch erhalten sind und sehr schön restauriert wurden. Ein Beispiel ist der herrliche Bursenbau, durch dessen riesigen Torbogen man das Klosterareal betritt.

Dort sieht man den ebenfalls erhaltenen Ostbau mit dem Kapitelsaal und dem ehemaligen Mönchsdormitorium, der heute für Konzerte und Kunstausstellungen genutzt wird. Auf dem Platz des früheren Kreuzgangs befindet sich seit 1960 ein Friedhof für Opfer des Zweiten Weltkriegs aus vielen Nationen.

Auf einem schmalen Fußweg lässt sich die Klostermauer in ihrem ganzen Umfang an der Außenseite umwandern. Die alte Klostermühle, ein Fachwerkbau von 1675, und das unmittelbar daran angrenzende alte Brauhaus werden heute gastronomisch genutzt.

Von hier aus bietet sich der Besuch der Burg Münzenberg an, die sich in Sichtweite des Klosters befindet.

INFO: Lich liegt ca. 40 km nördlich von Frankfurt am Main. **INFO KLOSTER ARNSBURG:** 35423 Lich, Tel. (064 04) 621 98 (Freundeskreis Kloster Arnsburg), www.kloster-arnsburg.de, Öffnungszeiten: Das Gelände ist normalerweise immer zugänglich, Eintrittsgebühr (€ 2) am Drehkreuz fällig. Der Freundeskreis bietet Gruppenführungen an.

Kreuzgang der ehemaligen Zisterzienserabtei Arnsburg in Lich.

GRUBE MESSEL

MESSEL, HESSEN

Die Grube Messel ist ein Juwel für Archäologen und Urzeit-Fans: Nirgends sonst hat man so viele und so gut erhaltene Fossilien auf so engem Raum gefunden wie im Messeler Ölschiefer. Der berühmteste Fund der Grube Messel – seit 1995 UNESCO-Welterbe – ist das Messeler Urpferdchen.

Steht man heute auf der Plattform am Rand der riesigen Sand- und Schuttgrube, kann man sich kaum vorstellen, dass hier vor 47 Millionen Jahren ein tropischer Regenwald mit einem See lag. Der in den Maarkratersee hinabgerutschte Schutt setzte sich am Grund des Sees ab und bildete dort Faulschlamm, in dem eingesunkene Tier- und Pflanzenleichen nicht zersetzt wurden und weitgehend erhalten blieben.

Die ersten Fossilien kamen beiläufig zutage, als in Messel der Abbau des Ölschiefers als industrieller Rohstoff begann. Im Jahr 1876 wurde der erste Alligator gefunden. Der See konservierte auch Vögel, verschiedene Reptilien wie Schildkröten und Schlangen, außerdem Fische, Frösche, Insekten und zahlreiche Pflanzen.

Die Ausstellung im Besucherzentrum gewährt Einblicke in Geologie, Landschaftsformen, Klima und Fossilien sowie in die aktuelle Messel-Forschung. Dort beginnen auch die (sehr lohnenden) Führungen. Denn nur in Begleitung (und mit festem und flachem Schuhwerk mit Profilsohle) darf man die Grube betreten. Sehr spannend sind auch die speziellen Führungen für Kinder.

Funde aus Messel gibt es im Senckenberg Naturmuseum in Frankfurt, dem Hessischen Landesmuseum Darmstadt und ganz nah im Fossilien- und Heimatmuseum Messel zu bestaunen. Nur einige Kilometer weiter liegt das sehenswerte barocke Jagdschloss Kranichstein.

Versteinerter Prachtkäfer aus der Grube Messel (Hessisches Landesmuseum Darmstadt).

INFO: Messel liegt ca. 10 km von der Darmstädter Innenstadt entfernt. **INFO WELTERBE GRUBE MESSEL:** Rossdörfer Str. 108, 64409 Messel, Tel. (061 59) 71 75 90, www.grube-messel.de, Öffnungszeiten Besucherzentrum mit Ausstellung tägl. 10–17 Uhr, Eintritt € 10, ermäßigt € 8, verschiedene Führungen durch die Grube sind im Angebot (vgl. Website). **INFO FOSSILIEN- UND HEIMATMUSEUM MESSEL:** Langgasse 2, Messel, Tel. (0171) 309 02 07, www.messelmuseum.de, Öffnungszeiten April–Okt. tägl. 11–17, Nov.–März Sa/So/Fei 11–17 Uhr, Eintritt frei. **REISEZEIT:** April–Okt.

Der Wäldchestag im Stadtpark –
Ein Event mit Tradition

Wer nicht aus Frankfurt oder Umgebung kommt, der wird den Wäldchestag – wenn überhaupt – nur dem Namen nach kennen. Einzig in Frankfurt am Main wird der Dienstag nach Pfingsten als »höchster Pfingstfeiertag« oder gar scherzhaft als »Nationalfeiertag« bezeichnet. Man vermutet den Ursprung des Wäldchestags zwar im Mittelalter, die ersten literarischen Erwähnungen stammen jedoch erst aus dem 19. Jahrhundert. Wann genau sich der Brauch zu einem ausgelassenen Fest entwickelt hat, lässt sich nicht sagen. Sicher ist jedoch, dass bis zum Jahr 1990 die Schulen nachmittags geschlossen blieben

Am Dienstag nach Pfingsten strömen die Frankfurter traditionell in den Stadtwald zum Wäldchestag

REISEBLOG
Frankfurt

und die Beschäftigten der Frankfurter Unternehmen, insbesondere im Einzelhandel, spätestens am Mittag den Stift fallen ließen bzw. die Ladentür zuschlossen, um zum Feiern in den Wald zu ziehen. Und eben daher hat der Wäldchestag seinen Namen: Man trifft sich im Wäldchen – genauer: am Oberforsthaus im Frankfurter Stadtwald.

Auch wenn viele Arbeitnehmer und Schüler heute nicht mehr den halben Tag frei haben und die Geschäfte ganztags geöffnet sind, ist dies für viele Frankfurter ein besonderer Tag geblieben. Man lässt sich die Lust am Feiern nicht nehmen, steht der Wäldchestag doch für die Identifikation und Verbundenheit der Bürgerinnen und Bürger mit ihrer Stadt. Er ist signifikantes Brauchtum und Teil des städtischen Lebens.

Heute lockt der Wäldchestag über das ganze Pfingstwochenende viele Besucher an und bietet mit seiner großen Vielfalt an gastronomischen Ständen, Fahrgeschäften und musikalischen Darbietungen auf mehreren Bühnen Spiel und Spaß für Jung und Alt. Dabei macht gerade das Flair des Waldes den Frankfurter Nationalfeiertag so einzigartig. Ein großartiges Erlebnis für Freunde, Paare wie Familien. ▬▬

Oberforsthaus im Frankfurter Stadtwald ➡ bC5
Am Oberforsthaus 5, Frankfurt am Main
Bus 61, Tram 21: Oberforsthaus
www.frankfurt-tourismus.de
Wäldchestag ist am Dienstag nach Pfingsten.

Tipp: Die Parkplatzsituation ist nicht allzu gut gelöst. Am besten mit dem Rad oder öffentlichen Verkehrsmitteln anreisen.

Kaffeehäuser in Frankfurt:
Von traditionell bis urban

Traditionell: »Café Karin« in der Innenstadt

Unweit der Hauptwache befindet sich das traditionsreiche Café Karin. Das Frühstück ist lecker, die Kuchenauswahl riesig und die Atmosphäre angenehm. Absolutes Kultcafé mit wunderbar gemischtem Publikum, hier trifft sich Frankfurt: nicht nur Bänker, sondern auch Einheimische, Zugezogene, Studenten und Touristen, Jung und Alt.

Café Karin ➜ F8
Großer Hirschgraben 28, Frankfurt am Main
S1–6/8/9, U1–3/6–8: Hauptwache
✆ (069) 29 52 17, www.cafekarin.de
Mo–Sa 9–23, So/Fei 10–19 Uhr

Bodenständig: »Milch und Zucker« im Nordend

Egal ob nur für einen schnellen Kaffee to go, ein leckeres Frühstück oder einen entspannten Nachmittag mit Kaffee und Kuchen: das Milch und Zucker im schönen Nordend ist die richtige Adresse. Und all jenen, die morgens einen ordentlichen Energieschub benötigen, serviert Inhaber Sascha den eigens kreierten Sheldon Cooper-Saft (Apfel, Fenchel mit etwas Olivenöl) oder den Barney Stinson-Saft (Karotte, Orange, Ingwer). Neben leckeren Eierspeisen oder Overnight Oats genau das Richtige für einen gesunden Start in den Tag. Abgerundet wird das Angebot mit leckeren Heißgetränken, selbst gemachten Keksen, Kuchen und Brownies.

Milch und Zucker ➜ C9
Eckenheimer Landstr. 107, Frankfurt am Main
U5: Glauburgstraße
http://wirliebenwaswirtun.de
Mo, Mi–Sa 9–18, So/Fei 9–17 Uhr

Abgefahren: »Das Herz« in der neuen Frankfurter Altstadt

Das erst 2019 eröffnete Café ist genau der richtige Spot für einen verregneten Tag. Und auch bei schönem Wetter ist Das Herz ein absolutes Muss, wenn man in Frankfurt unterwegs ist. Aber bitte drinnen Platz nehmen! Zwischen den vielen Kunstblumen, die die komplette Decke schmücken, fühlt man sich wie mitten im Urwald. Neben verschiedenen Kaffeespezialitäten und Kuchen gibt es hier auch leckere Couscous-Bowls und Paninis.

Das Herz ➜ F9
Braubachstr. 31, Frankfurt am Main
U4/5: Dom/Römer
✆ (069) 96 75 29 44, https://dasherzvonfrankfurt.com
Tägl. 10–24 Uhr
Frühstück Mo–Fr 10–13, Sa/So 10–15 Uhr

Entschleunigt: »Café im Liebieghaus« in Sachsenhausen

Das Café am südlichen Mainufer ist ein sehr besonderer Ort, der zum Verweilen und Entschleunigen einlädt. Mittendrin und dennoch von der Masse abgeschirmt sitzt man hier entweder in einer kleinen, grünen Oase im Außenbereich oder in schönen Räumen im Stil der Neorenaissance. Es herrscht Selbstbedienung und trotz der eher kleinen Speise- und Getränkeauswahl, findet doch jeder etwas. Insbesondere der saftige Kuchen verführt die Gäste. Sehr gute Qualität zu fairen Preisen. Egal ob vor oder nach einem Museumsbesuch oder als kleine Pause nach einem Spaziergang am Main – ein Besuch im Liebieghaus lohnt sich.

Café im Liebieghaus ➡ J7
Schaumainkai 71, Frankfurt am Main
U1–3/8: Schweizer Platz, Tram 15/16/19: Otto-Hahn-Platz
℗ (069) 605 09 82 92, www.liebieghaus.de/de/cafe
Tägl. außer Mo 10–18 Uhr

Veganes Lunch im Café
Das Herz von Frankfurt

Urban: Das »Aniis« im Ostend

Das schnuckelige Café überzeugt mit leckeren Speisen und frischen Säften. Doch nicht nur das. Hier wird auch die Renaissance des Filterkaffees gefeiert – und das schmeckt man. Durch jede Menge Kaffeeerfahrung, exaktes Wiegen, Messen und Filtern kommt hier der wohl beste Kaffee der Stadt in die Tasse. Die Auswahl an Kaffee- und Teespezialitäten ist ausgesprochen vielfältig, wobei auch milchfreie Kaffeevariationen im Angebot sind. Tipp: Mit seiner Auswahl an leckeren veganen Speisen lässt der Besitzer Rachid auch vegane Herzen höherschlagen. Und ganz abgesehen vom guten Angebot ist es der einzigartige Look, der dem kultigen Café am Ostbahnhof seine große Beliebtheit beschert. ▬

Aniis ➡ F12
Hanauer Landstr. 82, Frankfurt am Main
U6: Ostbahnhof, Tram 11: Ostbahnhof/Honsellstraße
www.aniis.de
Mo 8.30–15, Di–Fr 8.30–18, So/Fei 10–18 Uhr

Kaffeespezialitäten und etwas für den kleinen Hunger kann man im Café im Liebieghaus genießen

REISEBLOG
Frankfurt

Am Mainufer kann man entschleunigen

Lieblingsplätze am Main –
Entspannung am Wasser

Während man sich freitags entweder auf dem Wochenmarkt in der Schillergasse oder am Friedberger Platz trifft, um die Wochenendeinkäufe mit einem Glas Wein zu verbinden, wird samstags in den rund um die Innenstadt gelegenen alternativen Vierteln wie Nordend, Sachsenhausen oder Bornheim geschlendert und gebummelt. Auch Grünanlagen wie der Palmengarten, der Grüneburgpark und das Mainufer sind beliebte Anlaufstellen zum Entspannen, und das nicht nur am Wochenende.

Speziell am Main befinden sich zahlreiche Orte mit jeweils ganz eigenem Flair, die man im Sommer keinesfalls verpassen sollte. Dazu zählen:

Blaues Wasser

Es gibt Orte in Frankfurt, die verdienen zu Recht die Bezeichnung »Juwel«. Das Open-Air-Restaurant Blaues Wasser gehört auf jeden Fall dazu. Es überzeugt mit internationaler Küche und einer einzigartigen Atmosphäre. Obwohl es im Osthafen und damit in einer eher industriell geprägten Ecke des Ostends liegt, ist der Großstadtlärm mit dem Betreten der überdachten Terrasse direkt am Wasser schnell

*Biergartenflair am Main
bietet das Main Café*

vergessen, da man sich in einer echten Wohlfühloase wiederfindet.

Wichtig: Es handelt sich hier um eine Saison-Location, das heißt, der Betrieb ist komplett wetterabhängig. Spielt das Wetter mit, ist das Blaues Wasser der perfekte Ort zum Entspannen, Verweilen oder Feiern. Die Frankfurter lieben es – es zählt zu den beliebtesten Outdoor-Locations der Stadt.

Die Karte bietet verschiedene Vorspeisen, wie zum Beispiel Hummus, Oliven, Lachstatar oder Parmaschinken mit Melone. Neben Black Angus Steak aus Australien, zubereitet auf dem Holzkohlegrill, oder französischer Maispoulardenbrust kommen auch vegetarische Speisen nicht zu kurz.

Tipp: Der obere, überdachte Teil der Terrasse ist meist gut besucht – eine Reservierung ist hier immer eine gute Idee.

REISEBLOG
Frankfurt

Blaues Wasser ➡ F16
Franziusstr. 35, Frankfurt am Main
Tram 11: Riederhöfe
✆ (069) 26 91 08 29, www.blaueswasser.net
Während der Sommersaison und bei gutem Wetter
Mo–Do 18–1, Fr 17–2, Sa 15–2, So 15–0 Uhr

Orange Beach
Stadtauswärts in Richtung Westen, kurz vor Griesheim, befindet sich das Orange Beach. Ebenfalls direkt am Wasser gelegen, aber um einiges einfacher in der Ausstattung, ist das kleine Wasserhäuschen ein echter Hingucker und überzeugt mit einem ganz eigenen Charme. Wild zusammengewürfelte Stühle, ein altes Surfbrett, eine umgebaute Mülltonne und auch der ein oder andere Baumstamm dienen als Sitzgelegenheiten. Zugegebenermaßen ist die Lage unmittelbar unter den Bahngleisen nicht unbedingt als ruhig zu bezeichnen, dennoch ist das Orange Beach ein wunderbarer Ort, um einen Tag ausklingen zu lassen.

Orange Beach ➡ südl. K3
Gutleutstr. 391, Frankfurt am Main
S3/5, Tram 11/14/21: Galluswarte (20 Min. Fußweg)
✆ (0176) 10 31 43 56, www.orangebeach-frankfurt.de
Tägl. außer Mo 13–1 Uhr

Etwas versteckt, aber ganz besonders kommt das Orange Beach daher

Main Café
Das Main Café liegt sehr zentral auf der südlichen Seite des Mains im Stadtteil Sachsenhausen. Ganz entspannt und mit Biergartenflair kann man hier verschiedene Kaffeespezialitäten, Softdrinks oder auch den ein oder anderen gespritzten Apfelwein auf Bierbänken, Liegestühlen (€ 10 Pfand) oder der selbst mitgebrachten Picknickdecke genießen. Es gibt Kleinigkeiten zu essen, etwa belegte Brote oder Kuchen. Wem das nicht reicht, der holt sich 200 Meter flussabwärts beim stadtbekannten »Dönerboot« etwas Herzhafteres. ▬

Main Café ➡ H8
Schaumainkai 50, Frankfurt am Main
U1–3/8: Schweizer Platz, U1–5/8, Tram 11/12/14: Willy-Brandt-Platz
https://maincafe.net, tägl. 12–0 Uhr

Eines der aufstrebenden Stadtviertel –
Das Ostend

Zum in der Beliebtheitsskala weiter steigenden Ostend gehören unter anderem der Zoo Frankfurt, Bühnen für darstellende Kunst wie das Fritz Rémond Theater und Grünflächen, darunter der am Wasser gelegene Hafenpark und der weitläufige Ostpark an der Festhalle. Auch architektonisch hat sich rund um das im März 2015 eröffnete Gebäude der Europäischen Zentralbank einiges getan. Entlang des Mains haben verschiedene Wohnprojekte wie das »Hafenpark Quartier« Wohnraum geschaffen und so neue Bewohner angezogen – schließlich ist die Wohnlage unmittelbar am Fluss etwas Besonderes.

Der Osthafen
Die verkehrsgünstige Lage macht Frankfurt zu einem zentralen Umschlagplatz im Herzen Europas. Der Hafen Frankfurt – einer der größten Binnenhäfen Deutschlands – übernimmt dabei als Logistikdrehscheibe eine wichtige Funktion und verknüpft die Stadt über die Binnengewässer mit der restlichen Welt.

Der Osthafen befindet sich in unmittelbarer Nähe der Europäischen Zentralbank

REISEBLOG
Frankfurt

Zum Osthafen-Festival kommen jedes Jahr Tausende Besucher

Auch für Touristen ist der Osthafen einen Besuch wert. Wer sich für den Schiffsverkehr und die Hafenanlage interessiert kann z. B. einen eineinhalbstündigen Rundgang machen, um die historischen und immer noch genutzten Nord- und Südbecken mit den verschiedenen Kaianlagen zu besichtigen. Bei dem von der Tourismus+Congress GmbH Frankfurt am Main (www.frankfurt-tourismus.de) angebotenen Rundgang geht es über die Containerstraßen in Richtung Honsellbrücke. Von dort bietet sich ein spannender Blick auf die Europäische Zentralbank und den Hafenpark.

Das Osthafen-Festival

Ein alljährliches Highlight ist das Osthafen-Festival. Im August heißt es: Leinen los und Bühne frei für Frankfurts Hafen- und Musikfestival! Dann wird der Osthafen zum Festivalgelände und bietet auf dem Wasser und an Land jede Menge Hafen-Attraktionen, Livemusik, Kunst, Kultur und Sport sowie ein großes Kinderprogramm. Die Veranstaltung wird jedes Jahr von mehr als 250 000 Menschen besucht und ist damit eines der größten Events der Stadt Frankfurt.

Skaten vor der Kulisse der Europäischen Zentralbank

Hafenpark

Der Hafenpark liegt zwischen dem Main und dem neuen Gebäude der Europäischen Zentralbank und bietet eine Reihe von Möglichkeiten, sich sportlich zu betätigen, sei es auf den Fußballfeldern, an den frei zugänglichen Fitnessgeräten oder im Skatepark. Bei gutem Wetter ist hier einiges los – Kinder vollführen Tricks und Kunststücke mit ihren Skateboards, Jugendliche und Erwachsene trainieren an verschiedenen Fitnessgeräten, Spaziergänger, Sonnenhungrige und Hundebesitzer tummeln sich im Park.

Für den kleinen Hunger oder Durst bietet sich das Oosten unweit der Brücke an. Gleich daneben befinden sich auch einige Holzbänke direkt am Main. Von hier können Besucher den Schiffsverkehr bestens beobachten und einen großartigen Blick auf die Skyline von Frankfurt genießen. Ab Ostbahnhof erreicht man den Park zu Fuß in knapp zehn Minuten. ■

Feierabend in Frankfurt –
After Work mit Aussicht

Fleming's

Das stilvolle Fleming's Selection Hotel befindet sich nahe der Innenstadt gegenüber dem Eschenheimer Turm, einem Stadttor aus der spätmittelalterlichen Stadtbefestigung, das heute eines der Wahrzeichen der Stadt darstellt. Hoch über den Dächern Frankfurts präsentiert sich das Restaurant des Fleming's namens LuginsLand mit einer exquisiten Küche und verschiedensten Köstlichkeiten – etwas gehoben, aber dennoch bodenständig. Genau das Richtige sowohl für einen kurzen Snack als auch ein Abendessen. Für hungrige Gäste gibt es Deftiges vom Grill, leckere Seafood-Spezialitäten oder auch leichte Wok-Kreationen. Neben dem innenliegenden, eleganten Restaurant lockt eine schöne Dachterrasse mit tollem Blick über die berühmte Frankfurter Skyline. Da die Terrasse nur eine sehr überschaubare Anzahl von Tischen bereithält, ist eine Reservierung dringend zu empfehlen. Auch eine Bar ist vorhanden: die Skyline Bar, ein beliebter Treffpunkt im Herzen Frankfurts.

LuginsLand im Fleming's Selection Hotel ➡ E8
Eschenheimer Tor 2, 7. Etage, Frankfurt am Main
U1–3/8: Eschenheimer Tor
℃ (069) 989 72 85 00
www.flemings-hotels.de
Di/Mi 17–23, Do 17–24, Fr/Sa 17–1 Uhr

After Work direkt am Main

Oosten

Das Oosten liegt im Ostend direkt am Main, nahe der Europäischen Zentralbank. Mit seiner Lage im grünen Hafenpark zählt das Restaurant zu einem der schönsten Plätze für einen Sundowner in Frankfurt – insbesondere im Sommer immer wieder lohnenswert. Die Location ist modern, gepflegt und ein architektonischer Augenschmaus. Dies schlägt sich auch in den Preisen nieder, die im Schnitt ein wenig höher liegen als in vergleichbaren Restaurants. Doch die Speisekarte ist auf alle Geschmacksrichtungen zugeschnitten und das Essen fantastisch.

Oosten ➡ G12
Mayfarthstr. 4, Frankfurt am Main
U6/Tram 11: Ostbahnhof (10 Min. Fußweg)
Parkplätze in begrenzter Anzahl in der näheren Umgebung, aber nicht vor dem Restaurant
✆ (069) 94 94 25 68 14
https://freigut-frankfurt.com/oosten-frankfurt
Mo–Fr 17–23, Sa 10–23, So/Fei 10–22 Uhr

22nd Bar

Die 22nd Lounge im Hotel Innside Frankfurt Eurotheum bietet leckere Cocktails zu Live-Jazz oder Lounge-Musik in gehobenem Ambiente. Nicht ganz günstig, aber qualitativ hochwertig. Wie der Name schon vermuten lässt, befindet sich die exquisite Bar im 22. Stock. Sie gilt als echter Geheimtipp, liegt mitten im Herzen von »Mainhattan« und ist sehr gut mit öffentlichen Verkehrsmitteln zu erreichen. Der atemberaubende Ausblick geht über das Bankenviertel bis hin zur Alten Oper. Da kann man sich den ein oder anderen Drink wirklich gönnen, auch wenn man die Aussicht mitbezahlt. Für den kleinen Hunger zwischendurch ist ebenfalls gesorgt. Positiv hervorzuheben ist, dass unnötiger Müll weitgehend vermieden wird, so verzichtet man z. B. auf Strohhalme und am Waschbecken liegen Gästehandtücher aus Frottee.

Restaurant, Bar, Lounge und Biergarten mit Blick auf die Skyline und den Main: das Oosten

*Strandfeeling auf
dem Parkhausdach*

22nd Bar ➡ F7
Neue Mainzer Str. 66–68, Frankfurt am Main
S1–6/8/9: Taunusanlage
✆ (069) 21 08 83 50, www.22nd-frankfurt.de/22nd-bar
Do–Sa 19.30–24 Uhr

Citybeach
Wer vor dem Parkhaus Konstabler steht, rechnet wahr-
scheinlich mit einigem, aber nicht damit, dass einen auf
dem Dach des Parkhauses das perfekte Urlaubsfeeling
erwartet. Mitten in der Stadt befindet sich der City-
beach, eine wirklich tolle Location: eine Dachterrasse,
umgebaut in eine Strandoase mit Liegestühlen, Palmen
und Pool. Wer Lust hat in lockerer Atmosphäre und zu
normalen Frankfurter Preisen ein kühles Getränk im
Liegestuhl mit Blick auf die Skyline zu genießen, der ist
hier genau richtig. Das Speisenangebot umfasst Salate,
Burger und andere kleine Leckereien.

Citybeach ➡ F9
Parkhaus Konstabler
Carl-Theodor-Reiffenstein-Platz 5, Frankfurt am Main
S1–6/8, U4–7: Konstabler Wache
https://citybeach-frankfurt.de
Während der Sommersaison und bei gutem Wetter
Mo–Fr 11–23, Sa/So 12–23 Uhr

*Strandclub ohne ein
Körnchen Sand: Long Island
Summer Lounge auf dem
Parkhaus Börse*

Long Island Summer Lounge
Unweit der Alten Oper lädt die etwas exklusivere Roof-
top-Bar auf dem Parkhaus Börse zum Genießen und
Entspannen ein. Die Drinks und Snacks unter freiem
Himmel in der als Schiffsdeck gestalteten Lounge mit
Pool und Skyline-Panorama sollte man sich bei einem
Besuch der Mainmetropole keinesfalls entgehen lassen.

Long Island Summer Lounge ➡ F8
Parkhaus Börse
Kaiserhofstr. 12, Frankfurt am Main
S1–6/8: Taunusanlage, U6/7: Alte Oper
www.longislandsummerlounge.de
Während der Sommersaison und bei gutem Wetter
Mo–Fr 16–1, Sa/So/Fei 14–1 Uhr
Der Eingang befindet sich beim Aufgang zum Dach-
geschoss (6./7.OG) und ist per Treppenhaus oder Lift
erreichbar.

Der Sonnenuntergang über Frankfurt

Um gemütlich in den Feierabend zu starten und dabei den Tag mit einem schönen Sonnenuntergang abzuschließen, bietet sich eine Fahrt auf den Lohrberg an. Von hier ist der Blick auf die Skyline einfach noch mal anders und besonders schön. Außerdem kann man hier z. B. im Biergarten der Lohrberg-Schänke seinen Hunger stillen oder einen frischen »Süßen« oder »Sauren« aus den Äpfeln der Streuobstwiesen im MainÄppelHaus trinken. Auch Grillmöglichkeiten sind auf dem Lohrberg vorhanden – einfach Decke und Grillgut einpacken.

Lohrberg-Schänke ➡ bB5

Auf dem Lohr 9, Frankfurt am Main
Bus 43: Zentgrafenschule (10 Min. Fußweg)
✆ (069) 90 47 67 85, www.lohrberg-schaenke.de
Tägl. 11–23 Uhr

MainÄppelHaus Lohrberg Streuobstzentrum e.V. ➡ bB5

Klingenweg 90, Frankfurt am Main
Bus 43: Budge Altenheim/Lohrberg (10 Min. Fußweg)
✆ (069) 47 99 94, www.mainaeppelhauslohrberg.de
Tägl. außer Mo 11–18 Uhr

Ausblick vom Lohrberg mit herbstlicher Laubfärbung

Friedberger Platz – the place to be

Der Wochenmarkt am Friedberger Platz im schönen Stadtviertel Nordend ist längst ein fester Termin im Kalender: Freitagnachmittags treffen sich Jung und Alt auf dem kleinen Marktplatz und die angrenzende Wiese gleicht einem bunten Festivalgeschehen. Bis zu tausend Besucher tummeln sich hier und so wird es in der warmen Jahreszeit schon recht eng auf dem Friedberger Platz. Was tagsüber nach einem ganz normalen Wochenmarkt aussieht, wird abends zur größten After-Work-Party Frankfurts. Man trinkt Wein, isst Raclette und quatscht mit Wildfremden. Ob Student, Mami, Anwalt oder Bänker – hier sind alle vertreten. Selbst im Winter bei Minusgraden wird der Wochenmarkt noch gut besucht und der ein oder andere Glühwein genossen. Der Wochenmarkt auf dem Friedberger Platz schließt strikt um 22 Uhr, um das friedliche Verhältnis zwischen Anwohnern und Besuchern zu wahren.

Eine Augenweide: die Äpfel im Streuobstzentrum am Lohrberg

REISEBLOG
Frankfurt

*Paddeln auf dem
Main liegt im Trend*

Friedberger Platz ➡ D10
Frankfurt am Main
Wochenmarkt Fr 10–22 Uhr
Tram 12/18: Friedberger Platz

Stand-Up-Paddling auf dem Main

Am Main sind häufig Stand-Up-Paddler zu sehen. Warum eigentlich nicht die Frankfurter Skyline bei einem »Spaziergang« über den Main bestaunen?! Verschiedene Anbieter – wie z. B. der Frankfurter Stand-Up-Paddling (SUP) Sportverein e. V. – bringen auch Anfänger im Handumdrehen aufs Brett, ganz ohne Vorkenntnisse und Ausrüstung. Ein Grundkurs dauert gerade mal zwei Stunden. Der neue Trendsport kann ein effizientes Workout sein – oder auch eine Möglichkeit, die Stadt im Vorbeipaddeln zu erleben. SUP schult die Balance und beansprucht die großen Muskelgruppen wie Beine, Rumpf, Rücken und Arme. Aktiv in den Feierabend!

Frankfurter Stand-Up-Paddling (SUP) Sportverein e.V.
➡ D7
Grüneburgweg 51, Frankfurt am Main
✆ (0179) 691 01 64, https://sup-verein.de
Termine nach Absprache

Mehr Insidertipps zu Frankfurt und anderen Destinationen finden Sie auf https://lustloszugehen.de/

Museen, Kirchen, Architektur und andere Sehenswürdigkeiten

Museen und Galerien

❻ *Museumsufer Schaumainkai:*

Der Plan des Frankfurter Museumsufers wurde einst als Jahrhundertidee gefeiert, und tatsächlich hat sich längs des Schaumainkais auf der Sachsenhäuser Uferseite ein einzigartiger Kultur- und Erlebnisraum entwickelt. Viele der Museen sind schon wegen ihrer Architektur einen Besuch wert.

Anfahrt: U1–3/8: Schweizer Platz, U4/5: Willy-Brandt-Platz, Tram 15/16/19: Schweizer-/Gartenstraße oder Otto-Hahn-Platz

Deutsches Architekturmuseum ➡ aF4
Schaumainkai 43
✆ (069) 21 23 88 44, www.dam-online.de

Inhaber der **Frankfurt Card** oder des **Museumsufer-Tickets** erhalten ermäßigten bzw. freien Eintritt in 26 Frankfurter Museen.
Satourday: Die städtischen Museen bieten am letzten Samstag des Monats freien Eintritt, Ausnahmen: Goethe-Haus, Liebieghaus, Museum für Kommunikation, Senckenberg Naturmuseum, Städel Museum.

Ansicht des Deutschen Architekturmuseums am Abend

Von der Urhütte zum Wolkenkratzer

DEUTSCHES ARCHITEKTURMUSEUM

Frankfurt am Main, Hessen

Das Deutsche Architekturmuseum zeigt Deutschlands umfangreichste Sammlung von Modellpanoramen zur Architekturgeschichte. Dabei veranschaulicht die Dauerausstellung »Von der Urhütte zum Wolkenkratzer« durch 24 Großmodelle die Entwicklung von Haus- und Siedlungsformen.

Die Idee, in Deutschland ein Architekturmuseum zu gründen, entstand schon 1906, sie wurde aber durch den Ausbruch des Ersten Weltkriegs nicht umgesetzt. In den 1920er Jahren versuchte der Frankfurter Stadtbaurat Ernst May ein solches Museum in der Stadt zu etablieren, ebenfalls ohne Erfolg. Erst im Zusammenhang mit den Planungen für das Frankfurter Museumsufer in den 1970er Jahren wurde die Idee wieder aufgegriffen.

Eine Gründerzeitvilla sollte durch eine neue Funktion wiederbelebt werden. Von 1979 bis 1984 entstand das Gebäude in seiner heutigen Form. Dazu gestaltete Architekt Oswald Mathias Ungers das Innere der Villa unter Anwendung eines quadratischen Rasters völlig neu – als Haus im Haus.

Ziel des Museums ist es, die Vielfalt der Architektur zu zeigen und die Besucher zu einer Auseinandersetzung mit Bauformen zu animieren. Das gelingt einerseits durch die Dauerausstellung, die an Lehmhütten, Einfamilienhäusern und Wolkenkratzern vorbeiführt: Am Beginn steht ein aus Ästen und Laub gefertigtes Dach, der älteste nachweisbare Schutz des Menschen am Strand von Nizza circa 400 000 v. Chr.

Der baugeschichtliche Rundgang führt vom antiken Pompeji über eine mittelalterliche Klosteranlage bis zur barocken Kleinstadt Arolsen. Die Ausstellung endet mit den Skylines von Manhattan und Mainhattan als Repräsentanten der Architektur unserer Zeit.

Auf der anderen Seite setzt sich das Museum durch wechselnde Sonderausstellungen mit vergangenen wie modernen, zukunftsweisenden oder auch exotischen Themen rund um die Architektur auseinander. Für die Architekturbiennale 2016 in Venedig wurde das Deutsche Architekturmuseum ausgewählt, den Deutschen Pavillon zu realisieren.

Für Kinder gibt es ein abwechslungsreiches Programm von Führungen durch Architekten und »detektivischen« Architekturspaziergängen bis zur baulichen Selbstverwirklichung an Projekttagen.

INFO: Am Museumsufer in Sachsenhausen gelegen. **INFO DEUTSCHES ARCHITEKTURMUSEUM:** Schaumainkai 43 (Museumsufer), 60596 Frankfurt, Tel. (069) 21 23 88 44, www.dam-online.de, Öffnungszeiten Di–So 10–18, Mi bis 20 Uhr, Eintritt € 9, ermäßigt € 4,50, bis 18 J. frei.

Das Deutsche Architekturmuseum: Oswald Mathias Ungers baute »ein Haus im Haus«.

Die Dauerausstellung des DFF – Deutsches Filminstitut & Filmmuseum

Tägl. außer Mo 10–18, Mi bis 20 Uhr
Eintritt € 9/4,50
Die Architektur zum Gegenstand der öffentlichen Debatte zu machen war 1979 das Ziel der Gründung des Deutschen Architekturmuseums (DAM) – damals das erste seiner Art auf dem europäischen Kontinent. Für den 1984 eröffneten Museumsbau lieferte Oswald Mathias Ungers den Entwurf. Im Innern der umgebauten Villa überrascht ein quadratisches Raumraster mit dem hineingestellten »Haus im Haus« als Sinnbild der Architektur.

Das DAM zeigt ständig Wechselausstellungen aktueller Architektur aus dem In- und Ausland. Zudem vermittelt eine Dauerausstellung großer Modelle von der vorgeschichtlichen Hütte bis zur Wolkenkratzerstadt einen Überblick über die Bau- und Siedlungsgeschichte des Menschen.

DFF – Deutsches Filminstitut & Filmmuseum ➡ aF4
Schaumainkai 41
✆ (069) 961 22 02 20, www.dff.film
Tägl. außer Mo 10–18 Uhr
Eintritt Dauerausstellung € 6/3, bis 6 J. und Geburtstagskinder frei, Sonderausstellungen € 9/6
Bundesweit einzigartige Dauerausstellung zur Filmgeschichte; Filmcafé, Museumsshop, Kino im Museum. In der dritten Etage werden Sonderausstellungen mit Blick auf die Skyline gezeigt, im vierten Stock stehen multimediale Seminar- und Werkstatträume bereit.

Liebieghaus – Skulpturensammlung ➡ J7
Schaumainkai 71
℡ (069) 605 09 82 00, www.liebieghaus.de
Tägl. außer Mo 10–18, Do bis 21 Uhr
Eintritt € 10, bis 12 J. frei
Die Villa des Barons Heinrich von Liebieg stammt aus
dem Jahr 1896 und zeigt seit der Erweiterung 1989
große Teile ihrer umfangreichen Sammlung von der
Antike bis zum Klassizismus. Seit der Renovierung ge-
stalten Farbe und Licht die Sammlung ganz neu.

*Liebieghaus: Ursprünglich
Villa des Barons von Liebieg,
seit 1909 städtische Skulpturensammlung*

Die Frankfurter Küche im Museum Angewandte Kunst aus dem Jahr 1929, Entwurf von Margarete Schütte-Lihotzky im Rahmen des städtischen Hochbauprojekts »Das Neue Frankfurt« (1925–32)

Museum Angewandte Kunst ➡ aF5
Schaumainkai 17
✆ (069) 21 23 85 30
www.museumangewandtekunst.de
Di 12–18, Mi 12–20, Do–Sa 10–18 Uhr
Eintritt € 12/6, bis 18 J. frei
Als lebendiger Ort des Entdeckens richtet das Museum
Angewandte Kunst den Fokus auf die Wahrnehmung
gesellschaftlicher Strömungen und Entwicklungen.

Museum für Kommunikation ➡ aF4
Schaumainkai 53
✆ (069) 606 03 21, www.mfk-frankfurt.de
Di–Fr 9–18, Sa, So, Fei 11–19 Uhr bzw. siehe Website
Eintritt € 6/1,50 (unter 18 J.)
Post- und Fernmeldetechnik vom Briefkasten bis zu den
ersten Satelliten. Mit Kinderwerkstatt und -programm,
Museumscafé.

Städel Museum ➡ aG3
Schaumainkai 63
✆ (069) 605 09 82 00, www.staedelmuseum.de
Tägl. außer Mo 10–18, Do bis 21 Uhr
Eintritt € 14, unter 12 J. frei
Digitorials und kostenlose App-Angebote

*Museum für Kommunikation:
historischer Postbus, hergestellt
von DAAG im Jahr 1925, auf
einer Sonderfahrt in Frankfurt
am Main-Schwanheim*

Museum für
Kommunikation

Das 1816 gegründete Kunstinstitut geht zurück auf den gleichnamigen Frankfurter Bankier, der 474 Bilder und eine Mio. Gulden stiftete; das Gebäude wurde 1874–78 nach Plänen von Oskar Sommer errichtet. Seit 1829 gehört zur Stiftung auch die »Städelschule«, heute Staatliche Hochschule für bildende Künste.

Die Gemäldegalerie zeigt Werke vom 14. Jh. bis heute, darunter Dürer, Cranach, Klee, Marc, Nolde, Rembrandt, Rubens, Goya. 2012 wurde der spektakuläre unterirdische Erweiterungsbau eröffnet. Im Haus: Café und Restaurant.

Weltkulturen Museum ➨ aF4/5
Schaumainkai 29–37
✆ (069) 21 23 15 10, www.weltkulturenmuseum.de
Tägl. außer Mo 11–18, Mi bis 20 Uhr
Eintritt € 7/3,50, bis 18 J. frei
Eine der besten und umfangreichsten ethnologischen Sammlungen mit Exponaten aus Afrika, Amerika, Indonesien und Ozeanien.

Weitere Museen:

Archäologisches Museum ➨ aE4
Karmelitergasse 1, Altstadt, U1–5/8: Willy-Brandt-Platz und Dom/Römer, Tram 11/12/14: Karmeliterkloster
✆ (069) 21 23 58 96
www.archaeologisches-museum.frankfurt.de
Tägl. außer Mo 10–18, Mi bis 20 Uhr, Eintritt € 7/3,50

Antoindustrie reagiert auf breitere Radwege

Eine Vielzahl an Karikaturen kann man im caricatura museum bewundern; Karikatur von Ruth Hebler

Im ehemaligen Karmeliterkloster sind Funde aus der Römerzeit, der alemannischen und fränkischen Besiedlung der Rhein-Main-Region ausgestellt. Außerdem werden die Anfänge der Stadt Frankfurt dokumentiert und es gibt eine Antikensammlung sowie die Abteilung Alter Orient.

caricatura museum frankfurt ➡ aD6

Weckmarkt 17, Altstadt
U4/5: Dom/Römer
✆ (069) 21 23 01 61
www.caricatura-museum.de
Tägl. außer Mo 11–18, Mi bis 21 Uhr
Eintritt € 6/3, bis 18 J. frei
Das »Museum für Komische Kunst« beherbergt über 4000 Originalkarikaturen von Vertretern der legendären Neuen Frankfurter Schule wie F. W. Bernstein, Robert Gernhardt, Chlodwig Poth, Hans Traxler und F. K. Waechter. Außerdem präsentiert das Museum jeweils Ende August im Rahmen des Museumsuferfests das Festival der Komik auf dem Weckmarkt: drei Tage lang erlesenste satirische Bühnenkunst.

Dialogmuseum ➡ aC5

An der Hauptwache, B-Ebene, Roßmarkt
https://dialogmuseum.de
Infos zu neuen Öffnungszeiten und Eintritt auf der Website
Das Museum widmet sich der Wahrnehmung: Sehende werden mit der Welt der Blinden konfrontiert.

Das caricatura bei Nacht

Geldmuseum der Deutschen Bundesbank ➡ A5/6

Wilhelm-Epstein-Str. 14, Dornbusch
U1–3/8: Dornbusch
✆ (069) 95 66 30 73, www.geldmuseum.de
Tägl. außer Sa 9–17 Uhr, Eintritt frei
Das Geldmuseum ist ein einzigartiger Lern- und Erlebnisort rund um das Thema Geld für alle Altersgruppen. Vier große Themenbereiche zum Bargeld, zum Buchgeld, zur Geldpolitik und zum Geld in der globalen Welt informieren darüber, wie Geld funktioniert, warum Preisstabilität so wichtig ist und welche Aufgaben Zentralbanken haben. Mit wechselnden Sonderausstellungen und Workshops für Kinder.

*Die Welt des Geldes
im Geldmuseum*

*Das Dichterzimmer
im Goethe-Haus*

❷ Goethe-Haus und -Museum ➡ aD4
Großer Hirschgraben 23–25, Altstadt, S1–6/8/9, U1–3/6–8:
Hauptwache, U4/5: Willy-Brandt-Platz
☎ (069) 13 88 00, www.goethehaus-frankfurt.de
Mo, Mi/Do 11–17, Fr–So 10–18 Uhr, Führungen tägl. 14
und 16, Sa/So auch 10.30 Uhr, Eintritt € 7/1,50
Das Geburtshaus Goethes, in dem er bis zu seinem
Weggang nach Weimar 1775 lebte, wurde nach der
Kriegszerstörung wieder aufgebaut und mit den erhalten gebliebenen Einrichtungsgegenständen und
anderem zeitgenössischen Mobiliar ausgestattet. Va-
ter Goethe ließ das Haus 1755 so umbauen, wie es sich
heute präsentiert. Eine Gemäldegalerie zeigt Werke
bedeutender Künstler der Goethezeit.

Historisches Museum ➡ aD/aE5
Saalhof 1, Altstadt
U4/5: Dom/Römer, Tram 11/12: Römer/Paulskirche
☎ (069) 21 23 51 54
www.historisches-museum-frankfurt.de
Di–Fr 10–18, Sa/So 11–19 Uhr
Eintritt Dauerausstellung (inkl. Junges Museum) € 8/4,
Wechselausstellung € 10/5, alle Ausstellungen € 12/6,
bis 18 J. frei
Stadtgeschichtliches Museum mit einem interessanten
Modell der Frankfurter Altstadt vor der Kriegszerstö-
rung.

*Die Ausstellung »Ich sehe was,
was Du nicht siehst. Rassismus,
Widerstand und Empowerment«
ist noch bis Ende Februar 2021
im Historischen Museum zu
besichtigen*

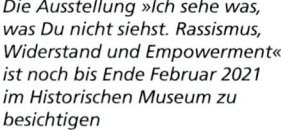

*Jüdisches Museum
am Untermainkai*

Ikonenmuseum ➡ aF7
Brückenstr. 3–7, Alt-Sachsenhausen
Bus 30/36: Elisabethenstraße
✆ (069) 21 23 62 62, www.ikonenmuseumfrankfurt.de
Tägl. außer Mo 10–17, Mi bis 20 Uhr, Führung auf Russ.
1. Mi im Monat 18.30 Uhr, auf Deutsch 1. So 15 Uhr
Eintritt € 4/2, Sonderausstellungen € 6/4, bis 18 J. frei
Der Frankfurter Kardiologe Jürgen Schmidt-Voigt stiftete seine Privatsammlung von 800 Ikonen (viele aus dem 19. Jh.) zumeist russischer Herkunft, die seither im Deutschordenshaus untergebracht ist. Hier finden auch Konzerte und artverwandte Ausstellungen statt.

Jüdisches Museum Frankfurt ➡ aE3
Bertha-Pappenheim-Platz 1, Bahnhofsviertel
U1–5/8, Tram 11/12: Willy-Brandt-Platz
✆ (069) 21 23 50 00, www.juedischesmuseum.de
Tägl. außer Mo 10–18, Di und Do bis 21 Uhr
Eintritt (mit Museum Judengasse) € 12/6, unter 18 J. frei
Die neue Dauerausstellung im renovierten Rothschild-Palais, einem historischen Wohnhaus der Familie Rothschild, gibt auf drei Etagen multimediale Einblicke in die jüdische Geschichte Frankfurts seit 1800. Im neuen Lichtbau werden wechselnde Sonderausstellungen gezeigt.
   Zum Museum gehört ein zweites Haus:
Museum Judengasse ➡ aD7
Battonnstr. 47, U4/5: Konstablerwache, Tram 11/12: Börneplatz, Tram 18: Börneplatz/Stoltzestraße
✆ (069) 21 27 07 90
Di 10–20, Mi–So 10–18 Uhr, Eintritt € 6/3, unter 18 J. frei
Inmitten der Fundamente des ältesten jüdischen Ghettos Europas wird hier jüdisches Alltagsleben in Mittelalter und früher Neuzeit thematisiert.

Das Museum für Moderne Kunst (MMK) gleicht einem Tortenstück

Museum für Moderne Kunst ➡ aD6
Domstr. 10, Altstadt
U4/5, Tram 11/12: Römer
✆ (069) 21 23 04 47, www.mmk.art.de
Tägl. außer Mo 10–18, Mi bis 20 Uhr
Eintritt je nach Ausstellung zwischen € 6/3 und € 12/6
Das Museum gehört zu den Top-Attraktionen der Stadt und wurde vom Wiener Architekten Hans Hollein postmodern auf kleinem Grund gebaut (wegen seiner Form wird es in Frankfurt »Tortenstück« genannt). Auf einem dreieckigen Grundstück hat der Wiener Meister den ungewöhnlichen Bau derart intelligent gegliedert, dass ein Gang durch das Haus zu einem nachhaltigen Erlebnis wird. Schwerpunkt der Sammlung ist die amerikanische Pop-Art (Warhol, Lichtenstein, Rauschenberg), zudem Werke von Beuys. Weiterer Ausstellungsraum mit vorwiegend jüngeren Künstlern im ehemaligen Zollamt direkt gegenüber.

Seit Oktober 2014 gibt es ein drittes Standbein und ein bundesweit einmaliges Tête-à-Tête von Kunst und Kapital: Im neuen Taunusturm (Taunusstr. 1 ➡ G6, U4/5, Tram 11/16/17/21: Hauptbahnhof, ✆ 069-21 27 31 65) erhält das Museum 15 Jahre lang mietfreie 2000 m² Ausstellungsfläche. Mit Café und Museumsshop.

Spektakuläre Ausstellungen

SCHIRN KUNSTHALLE FRANKFURT

Frankfurt am Main, Hessen

In Frankfurt bekommt man heute einen Vorgeschmack davon, wie die Museen der Zukunft, wenn sie angenommen werden sollen, aussehen müssen«, schrieb der Kulturexperte der »Neuen Zürcher Zeitung« im Oktober 2006 zum 20-jährigen Bestehen der Schirn Kunsthalle. Das lang gestreckte Gebäude auf dem Römerberg ist eines der renommiertesten Ausstellungshäuser Europas. Die Schirn verfügt über keine eigene Sammlung, sondern organisiert befristete Ausstellungen. Zahlreiche spektakuläre Schauen wurden zu Publikumsmagneten, darunter große Übersichten zum Wiener Jugendstil, Expressionismus, Dada und Surrealismus, zur Geschichte der Fotografie oder zu aktuellen Positionen in der Sound-Art, zu Themen wie »Shopping – Kunst und Konsum«, der visuellen Kunst der Stalinzeit, den Nazarenern oder der Op-Art.

Künstler wie Wassily Kandinsky, Marc Chagall, Alberto Giacometti, Frida Kahlo, Bill Viola, Henri Matisse, Odilon Redon, A. R. Penck, James Lee Byars, Yves Klein und Carsten Nicolai wurden in großen Einzelausstellungen gezeigt.

Schirn Kunsthalle, Frankfurt/Main.

Wie ein riesiges Baumhaus ist die Minischirn aufgebaut, wo Kinder von drei bis zehn Jahren selbst gestalten, experimentieren und eigene ästhetische Entdeckungen machen können. Und während die Kinder altersgemäß Kreativität und Kunst entdecken, können die Eltern in Ruhe die aktuellen Ausstellungen genießen.

Der Name der Kunsthalle leitet sich aus der Geschichte des Standortes ab. Schirn bezeichnet ursprünglich einen offenen Verkaufsstand. An der Stelle im Zentrum Frankfurts, an der sich das Gebäude seit 1986 befindet, lag bis zum Ende des Zweiten Weltkriegs ein Straßenzug gleichen Namens.

Bis weit in das 19. Jahrhundert befanden sich »an der Schern« die Verkaufsstände der Frankfurter Metzgerzunft. Das Innenstadtareal blieb nach Vernichtung der Altstadt 1944 an dieser Stelle 37 Jahre unbebaut. Erst der Gebäudekomplex der Schirn mit einer Ausstellungsfläche von 2000 Quadratmetern stellte wieder eine moderne Verbindung zwischen den zentralen historischen Bauten Dom und Römer her.

INFO: In der Frankfurter Innenstadt gelegen. **INFO SCHIRN KUNSTHALLE FRANKFURT:** Römerberg, 60311 Frankfurt/Main, Tel. (069) 299 88 20, www.schirn.de, Öffnungszeiten tägl. außer Mo 10–19, Mi/Do bis 22 Uhr, Eintritt variiert je nach Ausstellung.

Zehn Fenster und eine Treppe, Detail der Portikus Galerie auf der Maininsel

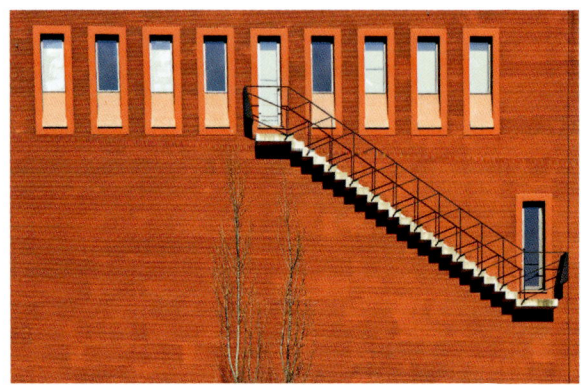

Portikus Galerie ➡ aE6
Maininsel an der Alten Brücke
Bus 30/36: Schöne Aussicht
✆ (069) 96 24 45 40
www.portikus.de
Tägl. außer Mo 11–18, Mi bis 20 Uhr, Eintritt frei
Moderne Performancekunst und wechselnde Installationen.

Schirn Kunsthalle Frankfurt ➡ aD5/6
Römerberg, Altstadt
U4/5: Dom/Römer
✆ (069) 299 88 20, www.schirn.de
Tägl. außer Mo 10–19, Mi/Do bis 22 Uhr
Eintritt variiert je nach Ausstellung, bis zu € 15, Erlebnisraum Minischirn für Kinder (3–6 J.) frei
Der postmoderne Bau von 1986 dient als multifunktionales Kulturgebäude im Herzen der Stadt und hat mit wechselnden Ausstellungen einen Frankfurter Kulturtourismus etabliert.
   Angeschlossen ist das »Schirn Café by Badias« (vgl. S. 155).

Senckenberg Naturmuseum ➡ E4
Senckenberganlage 25, Bockenheim
U4/6/7: Bockenheimer Warte
✆ (069) 75 42-0
https://museumfrankfurt.senckenberg.de
Mo–Fr 9–17, Mi bis 20, Sa/So/Fei 9–18 Uhr
Eintritt € 10/5, bis 5 J. frei

SENCKENBERG NATURMUSEUM

Frankfurt am Main, Hessen

Das Senckenberg Naturmuseum ist eines der größten und bedeutendsten seiner Art in Europa. Auf rund 6000 Quadratmetern zeigt es sowohl die Entwicklung der Lebewesen und die Verwandlung unserer Erde über Jahrmillionen hinweg als auch die heutige Vielfalt des Lebens. Der große Tyrannosaurus rex vor dem Haus begrüßt die Besucher und verrät, was sie im Museum erwarten können.

Doch das Senckenberg-Haus, dessen Sammlung auf das 1821 gegründete »Öffentliche Naturalienkabinett« zurückgeht, bietet mehr als Dinos, angefangen beim rekonstruierten Skelett von »Urmutter« Lucy, dem ältesten fast kompletten Skelettfund eines menschlichen Vorfahren, über das Zwerg-Urpferd aus der nahen Grube Messel, das Skelett eines gigantischen Finnwals, in dessen Maul oder Bauch man stehen kann, und ein nachgebildetes amerikanisches Mammut bis hin zu Kindermumien aus dem alten Ägypten.

Dazu kommt die Vielfalt der heutigen Tier- und Pflanzenwelt mit dem gleichermaßen beeindruckenden wie furchterregenden Exponat einer Anakonda, die ein ganzes Wasserschwein verschlingt. Und darüber hinaus warten hier Finnwal, Riesenkrabbe und Sägefisch auf die Besucher.

Alle Ausstellungsstücke sind gut erklärt und besonders für Kinder spannend dargestellt. Das gilt auch für komplizierte Themengebiete wie das Sonnensystem und die Theorie der Kontinentalverschiebung. Die stellte Alfred Wegener übrigens genau hier vor.

Das Highlight für kleine wie große Besucher dürfte aber der Knopf sein, mit dem man einen Vulkanausbruch auslösen kann. Daneben gibt es Sonderausstellungen über Themen aus Natur und Umwelt, wobei auch Kunst und Kultur nicht zu kurz kommen.

Der Besuch im Senckenberg-Museum ist ein absolutes Muss für Leute, die schon immer gern ein überdimensionales »Was ist Was«-Buch erleben wollten. Am Wochenende ist es hier mitunter sehr voll.

Von hier aus kann man schnell einen Abstecher in den Palmengarten machen. Wer noch nicht genug Prähistorisches erlebt hat, fährt gleich einige Kilometer weiter zur Grube Messel.

INFO: In Bockenheim gelegen. **INFO SENCKENBERG NATURMUSEUM:** Senckenberg-anlage 25, 60325 Frankfurt/Main, Tel. (069) 754 20, https://museumfrankfurt.sencken-berg. de, Öffnungszeiten Mo–Fr 9–17, Mi bis 20, Sa/So/Fei 9–18 Uhr, Eintritt € 10, ermäßigt € 5, Informationen zu und Buchung von Führungen auf der Website oder Mi/Do 9–15 Uhr unter Tel. (069) 75 42 13 57.

Skelett eines Schwertwals im Senckenberg Naturmuseum (Frankfurt/M.).

Wolfgang Winter und Berthold Hörbelt, »Die Große Illusion«, 2018, Außenansicht Frankfurter Kunstverein 2018 (links) und Ausstellungsansicht Frankfurter Kunstverein 2019 mit »Plot« (2003) von David M. Hillis, Derrick Zwickl und Robin Gutell sowie »Agathoxylon, verkieselter Stamm eines Nadelbaumes« aus der Senckenberg Gesellschaft für Naturforschung (rechts)

Deutschlands bedeutendstes und größtes Naturmuseum bietet Sensationen der Natur, vom Dinosaurierskelett über den Finnwal bis zur Insektenlarve. Wer nur eine Stunde Zeit hat, findet in einem Ordner an der Kasse die wichtigsten Objekte und Bereiche. Museumsshop (✆ 069-76 80 39 29), mediterrane Küche im »senckenberg bistro« (✆ 069-75 42 13 33).

Steinernes Haus ➡ aD5
Markt 44, an der Nordseite des Römerbergs, Altstadt
U4/5: Dom/Römer
✆ (069) 219 31 40, www.fkv.de
Tägl. außer Mo 11–19, Do bis 21 Uhr
Eintritt je nach Ausstellung
Das 1464 errichtete Patrizierhaus beherbergt seit dem Wiederaufbau 1957–60 die Galerie des Frankfurter Kunstvereins. Entspannen kann man sich nach dem Besuch der wechselnden Ausstellungen zur Gegenwartskunst in der Cafébar.

Struwwelpeter-Museum
Vgl. S. 191 f.

Architektur und andere Sehenswürdigkeiten

Alte Nikolaikirche ➡ aD5
Römerberg, Altstadt
U4/5: Dom/Römer
www.paulsgemeinde.de
Tägl. April–Sept. 10–20, Okt.–März 10–18 Uhr
1290 als königliche Hofkapelle geweiht; das charakteristische steile Walmdach samt Galerie und Ecktürmchen erhielt sie 1466. Nach der Reformation 1530 geschlossen diente sie später als Warenlager und seit 1847 wieder als evangelische Kirche. Seit 1994 ertönt ihr 47-stimmiges Glockenspiel, derzeit dreimal täglich: 9.05, 12.05 und 17.05 Uhr.

❼ Alte Oper ➡ aB3
Opernplatz, U6/7: Alte Oper
✆ (069) 134 00 (Tickets, Auskunft)
www.alteoper.de
Hausführungen vgl. Website
Die Alte Oper ist keine Oper im herkömmlichen Sinn (die ist in einem modernen Bau am Willy-Brandt-Platz untergebracht), sondern Frankfurts Prestige-Adresse für Konzerte, Musical- und Show-Gastspiele. Das Gebäude von 1880 wurde 1944 bis auf die Außenmauern zerstört. Nach langjährigen Debatten über Abriss oder Wiederaufbau wurde das »Konzert- und Kongresszentrum Alte Oper« 1981 in seiner heutigen Form eingeweiht. Außen herrscht die glanzvolle Optik des

Opernplatz und Alte Oper

historischen Repräsentationsbaus, im Innern sorgen multifunktionale Säle für optimale Konzertbedingungen. Im Café »Rosso« im Vestibül sind die Wartezeiten zumeist lang, lieber gleich ins »Opéra« auf Ebene 3.

Bockenheimer Depot ➡ D/E4
Bockenheimer Warte, Bockenheim
U4/6/7: Bockenheimer Warte
www.buehnen-frankfurt.de/bockenheimer-depot
Einst wurden in dem Backsteinbau von 1873 die Straßenbahnen repariert, später verfiel das Industriedenkmal. Als 1987 ein Großfeuer die Städtischen Bühnen unbespielbar machte, baute man die wilhelminische Immobilie als Spielstätte um.

Bockenheimer Warte ➡ E4
Bockenheim
U4/6/7: Bockenheimer Warte
Erhaltener Wachturm (1434/35) von einer der vier Verteidigungsbastionen, die im Mittelalter die Landwehr sichern sollten. Bis 1986 war die Bockenheimer Warte die zentrale Straßenbahnhaltestelle des Universitätsviertels. Seit Eröffnung der U-Bahn-Linie bohrt sich dort ein Straßenbahnwagen als Denkmal ins Pflaster und markiert den Eingang zur U-Bahn-Station.

Eingang zur U-Bahn-Station Bockenheimer Warte

Parkett der Deutschen Börse Frankfurt

❶ Café Hauptwache ➡ aC4
An der Hauptwache 15, Innenstadt
S1–6/8/9, U1–3/6–8: Hauptwache
✆ (069) 21 99 86 27, www.cafe-hauptwache.de
Mo–Fr 10–22, Sa 10–23, So 10–20 Uhr
1729 als militärisches Wachgebäude errichtet, seit 1904
Café. Im Untergrund ist das Zentrum des städtischen
Nahverkehrs mit U- und S-Bahn-Knotenpunkt.

Deutsche Börse AG ➡ aB4
Börsenplatz 4, Innenstadt
S1–6/8/9, U1–3/6–8: Hauptwache
✆ (069) 21 11 15 15, www.deutsche-boerse.com
Nach dem Umbau können Besucher durch große Glas-
wände den Handelssaal bestaunen.
   Vor dem Haus stehen Bulle und Bär – und man kann
darauf herumklettern.

❹ Dom ➡ aD6
Domplatz, Altstadt, U4/5: Dom/Römer
Dom: ✆ (069) 29 70-320 (Pfarramt)
www.dom-frankfurt.de
Mo–Do 9–20, Fr 13–20, Sa/So 9–20 Uhr
Dommuseum: ✆ (069) 13 37 61 86, www.dommuseum-
frankfurt.de, Di–Fr 10–17, Sa/So/Fei 11–17 Uhr, Eintritt € 2/1
Domturm: www.domturm-frankfurt.de, tägl. 9–18, im
Winter bis 16 Uhr, Eintritt € 3/1,50, Kasse auf der Rück-
seite des Doms

Ein Dom ohne Bischofssitz: der Kaiserdom St. Bartholomäus und Frankfurts Kopfbahnhof: die Fassade der Hauptempfangshalle im Stil der Neorenaissance (rechts)

Die ehemalige Stifts- und Pfarrkirche wird seit dem Mittelalter »Dom« genannt und war ab 1356 per Reichsgesetz Ort der deutschen Königswahl, ab 1562 auch Krönungskirche der deutschen Kaiser. Bau der gotischen Kirche 1315–68, der Bau des Westturms (auch Pfarrturm genannt) begann 1415 nach den Entwürfen Madern Gertheners und wurde erst 1514 kuppelartig abgeschlossen. Im Jahr 1867 schwerer Dombrand. Erneute Zerstörung 1943/44, Instandsetzung 1950–53.

Originale im Innern: Maria-Schlaf-Altar (1434), Heilig-Grab-Altar (15. Jh.), Bartholomäusfries im Chor (ab 1427), das geschnitzte Chorgestühl (1352), Grabmal des Gegenkönigs Günther von Schwarzburg (Südwand des Chors), Grabstein des Bürgermeisters Johann von Holzhausen und seiner Frau Gudela Goldstein (im Nordquerschiff); am Ende des Nordschiffs hängen Totenschilde Frankfurter Patrizier aus dem 14. bis 16. Jh.

DomRömer-Quartier ➡ aD5/6

www.domroemer.de
Im März 1944 wurde die Altstadt von Frankfurt bei einem Bombenangriff zerstört. 2012–18 ist ein neues Altstadt-Quartier entstanden: 35 Häuser, darunter 15 Rekonstruktionen historischer Gebäude, sind zwischen Dom und Römer gebaut worden. Das neue Quartier wurde nach sechs Jahren Bauzeit und insgesamt

200 Mio. Euro Kosten im Herbst 2018 mit einem großen Fest eröffnet.

Wer durch die Gassen bummelt, kann zahlreiche Epochen und Architekturstile entdecken, vom gotischen Erdgeschoss des Hauses »Esslinger« über die Renaissancefassade der »Goldenen Waage« bis zu klassizistischen Gebäuden, so die »Goldene Schere« am Hühnermarkt. Und immer wieder sind sogenannte Spolien eingebaut: Originalteile aus der einstigen Altstadt, die ihren Weg aus diversen Archiven in ihr neues altes Viertel gefunden haben. An der Tourist Information starten täglich 14 Uhr Führungen (€ 16). Geschäfte, Restaurants, Cafés und Museen bieten Raum für eine Pause.

Um den Eschenheimer Turm haben sich zahlreiche Cafés angesiedelt

Eschenheimer Turm ➡ aB5
Eschenheimer Tor, Innenstadt
U1–3/8: Eschenheimer Tor
www.eschenheimer.de
Der 47 m hohe spätgotische Torturm gehörte zur mittelalterlichen Befestigungsanlage und entstand 1428 nach den Plänen des Dombaumeisters Madern Gerthener. Café, Bar und Restaurant im Turm.

Gerechtigkeitsbrunnen ➡ aD5
Römerberg, Altstadt
U4/5: Römer
1543 am Platz eines älteren Ziehbrunnens angelegt. Die Bronzenachbildung der Justitia hat seit 1887 den Römer fest im Blick.

Goethe-Haus und -Museum
Vgl. S. 19, 114.

Hauptbahnhof ➡ G/H6
Alle S-Bahnen, U4/5
1888 wurde der damalige Frankfurter Centralbahnhof nach 5-jähriger Bauzeit und 35 Mio. Goldmark Kosten eingeweiht. Noch heute ist er mit täglich mehr als 350 000 Reisenden größter Passagierbahnhof Europas. Eine Atlantengruppe (Franz Krüger) krönt die monumentale Sandsteinfassade, die allegorischen Figuren Morgen und Abend flankieren die Uhr in der Fassadenmitte. Die dreischiffige Perronhalle ist 168 m lang.

Hauptwache → aC4/5
S1–6/8/9, U1–3/6–8: Hauptwache
Der Platz An der Hauptwache markiert die geografische Mitte der Stadt. Darunter liegt die sogenannte B-Ebene, eine 15 000 m² große, unterirdische Fußgängerzone mit Ladenzentrum und Zugängen zu den U- und S-Bahnen. Zwischen Hauptwache und Zeil ist Fußgängerzone.

Japan Center → aD3
Taunustor 2–4, Innenstadt
S1–6/8/9: Taunusanlage
Basierend auf dem Maß der Tatami-Matte erreicht das Japan Center eine Höhe von 115 m und umfasst 28 Geschosse. Aluminiumprofile gliedern die quadratischen Granitplatten. 2018 erwarb die Frankfurter German Estate Group (GEG) den fernöstlich aussehenden Turm für 280 Millionen Euro. Hauptmieter ist weiterhin die Europäische Zentralbank. Die Event Location »Windows 25« ist nicht öffentlich zugänglich.

Katharinenkirche → aC4/5
An der Hauptwache
S1–6/8/9, U1–3/6–8: Hauptwache
www.st-katharinengemeinde.de
Mo–Fr 14–18 Uhr
Ursprünglich Frauenkloster und Spital aus dem Jahr 1343, Neubau 1678 als protestantische Hauptkirche Frankfurts; 1944 bis auf die Grundmauern zerstört und 1950–54 wieder aufgebaut.

Turm der Katharinenkirche

✦ Kleinmarkthalle → aC5/6
Hasengasse 5–7, Innenstadt
S1–6/8/9, U1–3/6–8: Hauptwache, Tram 11/12: Römer/Paulskirche
www.kleinmarkthalle.com
Mo–Fr 8–18, Sa 8–16 Uhr
Die ursprünglich in den 1870er Jahren erbaute und im Krieg zerstörte »Gemieskersch« wurde 1954 wieder eröffnet und ist Frankfurts beliebteste Einkaufsadresse für Lebensmittel. Hier gibt es internationale Delikatessen, frisches Fleisch, Fisch und Geflügel, Gemüse, Obst, Kräuter und Gewürze – in den über 60 Geschäften des Gourmettempels findet man wirklich alles. Unbedingt

Ein Stück Frankfurt mit Herz: Marktstände in der Kleinmarkthalle

probieren: den Cappuccino der Frankfurter Kaffeerösterei Cafébar, Stand 50/51.

Liebfrauenberg ➡ aC5
S1–6/8/9, U1–3/6–8: Hauptwache
Im 13. Jh. Pferde-, ab 1490 Ochsenmarkt, im 16. Jh. Messeplatz. Hier steht der größte der alten Stadtbrunnen, der barocke **Liebfrauenbrunnen** (1770/71).

Liebfrauenkirche ➡ aC5
Liebfrauenberg, Altstadt
S1–6/8/9, U1–3/6–8: Hauptwache
Die 1321 am damaligen Nordrand der Altstadt unmittelbar an der Stadtmauer erbaute Marienkapelle wurde 1344 zur spätgotischen Hallenkirche erweitert; 1454 erhielt sie einen Turm, 1477 kam das spätgotische Langhaus hinzu. Im stillen Innenhof befindet sich das Kapuzinerkloster.

Literaturhaus ➡ aE8
Schöne Aussicht 2, Innenstadt
Tram 18: Hospital zum Heiligen Geist, Bus 30/36: Schöne Aussicht
✆ (069) 756 18 40, www.literaturhaus-frankfurt.de
Frankfurt ist neben Leipzig die wichtigste deutsche Literatur- und Bücherstadt. Die weltweit größte Buchmesse findet in Frankfurt statt, die Deutsche Nationalbibliothek und der Börsenverein des Deutschen Buchhandels haben hier ihren Sitz. Das Literaturhaus,

127

Frankfurts Stadtpanorama

Hochhäuser – spektakuläre Wolkenkratzer im Bau

Rund 100 Hochhäuser begründen Frankfurts Mainhattan-Image, eine Handvoll davon ist über 200 Meter hoch, an die 20 wachsen mehr als 100 Meter in den Himmel. Als architektonisch besonders gelungen gelten neben der **Commerzbank**: das Bürohaus **Messeturm** (257 m), das einem aufgestellten Bleistift ähnelt, der **Westend Tower** mit seinem Strahlenkranz à la Lady Liberty (208 m), der 200 m hohe **Tower 185** in der Friedrich-Ebert-Anlage, das Torhaus genannte **Messehaus**, das fernöstlich-elegante **Japan Center**, der **Opernturm**, das **MainTor**-Ensemble, der 2019 fertiggestellte **WINX-Turm** direkt am Main und der **Grand Tower**, Deutschlands höchster Wohnturm unweit der Skyline Plaza.

Im Frankfurter Ostend steht der Neubau der **Europäischen Zentralbank** (EZB), auch Skytower genannt. Das EZB-Gebäude (201 m, mit Antenne) wurde vom Architekten Wolf D. Prix entworfen und besteht aus drei Elementen – der ehemaligen Großmarkthalle von 1928, einem 185 Meter hohen Nord- und einem 165 Meter hohen Südturm – sowie einem Eingangsbauwerk, das Halle und Türme verbindet.

Zwei spektakuläre Großprojekte sind in Planung: Das **One Forty West**, ein 140 Meter hoher Bau mit Hotel, Restaurant und Eigentumswohnungen neben dem Senckenbergmuseum, sowie im Herzen der Stadt das **Four**, ein Ensemble aus vier Hochhäusern am heutigen Roßmarkt, das 2023 bezugsfertig sein soll. Dieses Megavorhaben mit einem Volumen von einer Milliarde Euro schafft ein neues urbanes Quartier und wird die Innenstadt entscheidend verändern.

Im neuen Europaviertel wächst **The Spin** mit Hotel und Büroräumen 128 Meter in den Himmel. Insgesamt sind derzeit mehr als 40 Projekte in der Planung oder im Bau. Eine Ausnahmeerscheinung abseits der Skyline ist dabei der **Riverside Tower** am Main, ein hässlicher Betonklotz der 1970er Jahre, der in ein offenes, lichtdurchflutetes Wohnerlebnis mit herauskragenden Balkonen und Loggien umgewandelt wird. Der Stararchitekt Ole Scheeren realisiert hiermit sein erstes Projekt in Deutschland, geplante Eröffnung ist 2021.

das 1991 gegründet wurde, veranstaltet Lesungen, Diskussionsrunden, Tagungen und Gespräche rund um das Thema Buch. Außerdem gibt es Kinderbuch-Sonntage und Schreibwerkstätten für Jugendliche. Im Literaturhaus sind internationale Schriftsteller von Weltrang ebenso wie vielversprechende junge Talente zu Gast. Das Restaurant »Goldmund« ist ein beliebter Treffpunkt.

May-Siedlungen ➡ B/C13
Bornheim
U7: Eissporthalle/Festplatz, Tram 14: Ernst-May-Platz
Bevor er als Städteplaner in die Sowjetunion ging, baute der Architekt Ernst May in den wirtschaftlich elenden 1920er Jahren als Frankfurter Stadtbaurat mehrere spektakuläre Reihenhaussiedlungen und Wohnblocks. Sie orientierten sich an der englischen Idee der Gartenstadt und galten als (für die Mieter bezahlbarer) Gegenentwurf zu den finsteren Mietskasernen jener Zeit. Mittlerweile stehen die Häuser der May-Siedlungen unter Denkmalschutz. Beispiele: die Siedlungen Praunheim und Westhausen, Römerstadt, Ginnheimer Hang, Riederwald und Bornheimer Hang.

Literaturhaus Frankfurt

Im Mousonturm wird Kultur geboten: Tanz und Theater, Musik, Performance, Bildende Kunst, Medienkunst, Literatur, Film, Hörspiel, Clubart

Das 18 Meter hohe Palmenhaus im Palmengarten

Mousonturm ➡ E11
Waldschmidtstr. 4, Ostend
U4: Merianplatz
℗ (069) 40 58 95-0, www.mousonturm.de
Seit 1988 ist der denkmalgeschützte Turm der ehemaligen Seifenfabrik ein Künstlerhaus mit Konzerten und Tanztheater vom Feinsten.

Ökohaus Arche ➡ E3
Kasseler Str. 1, Bockenheim
S3–6: Frankfurt West, Tram 16: Schlossstraße, Bus 32/36/73: Westbahnhof
Die Öko-Arche am südlichen Rand von Bockenheim gilt als gelungenes Beispiel einer Kooperation von Kommerz und Alternativkultur. Der ökologisch orientierte Bau beherbergt zwischen Bambus und Bachläufen ein ganzes Spektrum alternativer Organisationen – vom Feministischen Frauengesundheitszentrum über die Redaktionsräume der Zeitschrift Öko-Test bis zur Lehrerkooperative. Im Café-Restaurant »Arche Nova« (℗ 069-707 58 59) gibt es Öko-Kost.

⑩ Palmengarten ➡ C/D5
Siesmayerstr. 61, Westend
U6/7: Westend, Bus 36: Palmengarten
℗ (069) 21 23 66 89, www.palmengarten.de

Tropische Oase

PALMENGARTEN FRANKFURT

Frankfurt am Main, Hessen

Der Palmengarten ist ein Pflanzenparadies mit Gewächsen aus allen Erdteilen. Mit insgesamt 22 Hektar Fläche und 10 000 Quadratmetern Schauhausfläche ist er der größte Garten dieser Art in Deutschland. Den Grundstock der botanischen Sammlung bildeten die tropischen Baum- und Pflanzenbestände des Herzogs Adolph von Nassau aus der Orangerie von Schloss Biebrich, die ein extra gegründeter Verein von Frankfurter Bürgern für 60 000 rheinische Gulden 1868 aufkaufte. Schon 1869 zogen die Gewächshäuser auf das sieben Hektar große Gelände um, das die Stadt dem Verein als Erbpacht überlassen hatte. 1870 fand die erste Blumenausstellung statt und 1871 wurde der Garten mit Palmen- und angeschlossenem Gesellschaftshaus offiziell eröffnet.

Heute ist die Stadt Träger des Palmengartens. Die Exponate befinden sich je nach Herkunft entweder auf den Freiflächen oder auch in klimatisierten Gewächshäusern. Beeindruckend ist das 18 Meter hohe Palmenhaus aus der Gründerzeit, in dem eine üppige subtropische Welt mit imposanten Palmen, Riesenstauden und Farnen angesiedelt ist.

Das wohl beliebteste Haus ist das Tropicarium: Hier werden in acht Biotopen verschiedene tropische Lebensgemeinschaften wie Savanne, Regenwald und Nebelwüste dargestellt und anschaulich erklärt. Dazu gibt es weitere Häuser mit Orchideen, subarktischen oder fleischfressenden Pflanzen.

Bei den Gärten sind besonders der Rhododendron- und der Kakteengarten hervorzuheben. Für Kinder gibt es außerdem Spielplätze, einen Weiher mit Ruderbooten, Minigolf und eine kleine Eisenbahn.

Höhepunkt des Jahres ist das Rosen- und Lichterfest, das seit 1931 im Juni begangen wird. Neben Musik, Führungen und Vorträgen gibt

Palmengarten Frankfurt.

es von Rosendüften über Rosensenf bis zum Rosenporzellan eine Reihe von Spezialitäten zu kaufen. Samstagabend findet ein großes Feuerwerk statt.

Das ganze Jahr über bietet der Palmengarten diverse Sonderausstellungen, die hauptsächlich im und um das Gewächshaus des denkmalgeschützten Gesellschaftshauses Platz finden.

INFO: Im Westend gelegen. **INFO PALMENGARTEN FRANKFURT:** Siesmayerstr. 61, 60323 Frankfurt/Main, Tel. (069) 21 23 66 89, www.palmengarten.de, Öffnungszeiten tägl. Feb.–Okt. 9–18, Nov.–Jan. 9–16 Uhr, Eintritt € 7, ermäßigt € 2. **REISEZEIT:** Im Juni zum Rosen- und Lichterfest.

Die Porträts deutscher Könige schmücken den Kaisersaal im Frankfurter Rathaus

Tägl. 9–18, Nov.–Jan. nur bis 16 Uhr
Eintritt € 7/2 (bis 13 J.)
Die Frankfurter lieben ihren Palmengarten ebenso wie die jährlich mehr als 1 Mio. Touristen. Von Heinrich Siesmayer 1869 gegründet bietet der Schaugarten mit Tropicarium (trockene und feuchte Tropen), dem Alten Schauhaus (fleischfressende Pflanzen), dem 18 m hohen Palmenhaus und Sonderausstellungen eine ganzjährige Augenweide. Auf dem 22 ha großen Gelände im Westend gibt es außer gezähmter Natur und schönen Kinderspielplätzen das Restaurant Villa Leonhardi und im Sommer eine Cafeteria mit Selbstbedienung.

Paulskirche ➡ aD5
Tram 11/12: Römer/Paulskirche
In den Jahren 1848/49 war der elliptische Rundbau aus rotem Sandstein Sitz der Deutschen Nationalversammlung (Rohbau 1789–92 nach den Plänen von Johann Andreas Liebhardt, Turmbau 1830–34). 1944 brannte sie völlig aus und wurde bis zum Mai 1948 mithilfe von Spenden wieder aufgebaut. Heute dient die Paulskirche als repräsentativer Schauplatz für Veranstaltungen.

Römer ➡ aD5
Römerberg, Altstadt
U4/5: Dom/Römer
✆ (069) 21 23 48 14

Wiege der deutschen Demokratie

PAULSKIRCHE

Frankfurt am Main, Hessen

Die Paulskirche ist das nationale Symbol für Freiheit und Demokratie in Deutschland. Hier trat am 18. Mai 1848 die erste frei gewählte Nationalversammlung zusammen. Die Paulskirche wurde von 1789 bis 1833 an der Stelle der abgerissenen mittelalterlichen Barfüßerkirche erbaut. Der spätklassizistische elliptische Bau aus Rotsandstein entstand nach Entwürfen von Baumeister Johann Andreas Liebhardt; dessen Pläne wurden im Auftrag des Stadtrats von den Architekten Johann Georg Christian Hess und Nicolas de Pigage überarbeitet. Nachdem 1802 wesentliche Teile des Baus fertiggestellt waren – Turm und Treppenhäuser fehlten noch –, ruhten die Arbeiten fast 30 Jahre. Innenausbau sowie Turmabschluss (1830–34) stammen von Johann Friedrich Christian Hess.

Die drei Geschosse des Turms an der Südseite des Gebäudes sind durch Wandpilaster gegliedert. Da der Zentralbau seinerzeit der größte und modernste Saal Frankfurts war, bot er sich als Sitz für das erste gesamtdeutsche Parlament an. Ein Bombenangriff zerstörte die Kirche im Jahr 1944. Nach dem Krieg wurde sie aber als erstes historisches Gebäude Frankfurts wiederaufgebaut, wobei das ehemals hohe Kuppeldach durch eine Flachkuppel ersetzt wurde.

Seither wird die Paulskirche nicht mehr für geistliche Zwecke genutzt, sondern konzentriert sich auf ihre Rolle als »Wiege der deutschen Demokratie«. In der Wandelhalle des Untergeschosses sind in der Dauerausstellung »Die Paulskirche. Symbol demokratischer Freiheit und nationaler Einheit« Geschichte und Bedeutung der Kirche sehr schön präsentiert, außerdem finden hier wechselnde Sonderausstellungen statt. Heute ist die Paulskirche vor allem an zwei Terminen im Gespräch: bei der Verleihung des Goethepreises der Stadt und des Friedenspreises des Deutschen Buchhandels.

Am nördlichen Portal steht das Mahnmal für die Opfer des Nationalsozialismus. In der Nähe der Paulskirche befinden sich der Römer, das Historische Museum sowie der Dom.

INFO: In der Innenstadt gelegen. **INFO PAULSKIRCHE:** Paulsplatz 11, 60311 Frankfurt/Main, Tel. (069) 21 23 49 20, (069) 21 23 89 53, Öffnungszeiten tägl. 10–17 Uhr, außer bei Veranstaltungen.

Die Paulskirche war 1848 Sitz der ersten deutschen Nationalversammlung.

Der deutsch-amerikanische Architekt Helmut Jahn entwarf den Eingang City für die Frankfurter Messe

Messe

Frankfurt ist seit rund 800 Jahren Messestadt (www.messefrankfurt.com). Schon anno 1248 gab es kaiserlichen Schutz für Reisende, die zum Handel nach Frankfurt kamen. Heute bringen die Leit-und Fachmessen jährlich drei Millionen Besucher in die Hallen unter dem Messeturm, die mit dem Freigelände zusammen gut 578 000 Quadratmeter Fläche einnehmen. Als baulich besonders gelungen gilt die 120 Meter lange und 30 Meter hohe Galleria. Die einzelnen Hallen sind durch die Via Mobile, ein überdachtes Laufbandsystem, verbunden. Die gigantische Festhalle wird als Mehrzweckhalle für Großveranstaltungen genutzt. Ein Kongresszentrum mit Hotel rundet den Komplex ab.

Kaisersaal-Besichtigung: in der Regel tägl. 10–13 und 14–17 Uhr, Zugang Limpurger Gasse, vorher anrufen Eintritt € 2/0,50
Kernstück des Römers und Wahrzeichen der Stadt sind die drei gotischen Staffelgiebel der ehemaligen Bürgerhäuser Alten-Limpurg, Römer und Löwenstein, die 1405 vom sparsamen Rat der Stadt erworben und zum Rathaus umgebaut wurden. Später kamen die rückwärts gelegenen Häuser und die Häuser Frauenstein und Salzhaus hinzu. 1412 war der Ausbau des Kaisersaals beendet, der 1741 zusammen mit dem Bau der Kaisertreppe in barocken Formen verändert wurde. Zwischen den Fensteröffnungen auf der Römer-Fassade stehen Figuren der Kaiser Friedrich I. Barbarossa, Ludwig der Bayer, Karl IV. und Maximilian, über den Fenstern die Adler von Reich und Stadt.

Heute beherbergt der Römer den Ratskeller, Feier- und Ausstellungsräume, den Kaisersaal mit Porträts von 52 Herrschern und den Limpurgsaal. Der Römer ist Sitz von Magistrat, Stadtverordnetenversammlung, Oberbürgermeister und Bürgermeister.

Barrierefreiheit: Blindenführhunde sind erlaubt. Der Kaisersaal ist per Aufzug zu erreichen.

In das Pflaster des Römerbergs vor dem Rathaus Römer ein- gelassene Gedenktafel, die an die Bücherverbrennung von 1933 erinnert

❸ Römerberg ➡ aD5
U4/5: Dom/Römer
Frankfurts zentraler Platz war einst Schauplatz von Kai- serkrönungen und Festspielen. Seit dem 9. Jh. wurden hier Messen und Gericht abgehalten. Seit 1356 war er mit der »Goldenen Bulle« Karls IV. zum Wahlort deut- scher Herrscher bestimmt, seit 1562 fanden auch diese Feiern im Dom statt.

Steinernes Haus
Vgl. S. 120.

Synagoge ➡ D6
Freiherr-vom-Stein-Str. 30
Westend, U6/7: Westend
Die mächtige Synagoge im Frankfurter Westend (1908– 10) ist eines von wenigen in Deutschland erhalten ge- bliebenen jüdischen Gotteshäusern. In der Pogrom- nacht 1938 und durch Bomben 1944 brannte sie zwar im Inneren vollständig aus, wurde aber 1950 wieder hergestellt. Sie gilt nicht nur als religiöses Zentrum, sondern auch als Ort der Erinnerung. ■

Die größte Synagoge der Stadt: die Westendsynagoge

135

Mövenpick Hotel in der Frankfurter Innenstadt

Übernachten

Frankfurt hat insgesamt rund 280 Hotels mit 52 000 Betten – für die Messezeiten zu wenig, für den Normalbetrieb zu viel. Dabei steigen die Besucherzahlen stetig: Im Jahr 2018 übernachteten knapp sechs Millionen Gäste in Frankfurt am Main. Die meisten Besucher kommen aus Übersee, vorneweg die USA, gefolgt von China, Indien und den arabischen Golfstaaten. Die Gäste aus dem europäischen Ausland (Großbritannien, gefolgt von Spanien, Italien und Frankreich) bevorzugen die preisbewussten Budget-Hotels wie das 25hours Hotel und das Motel One, eine erfolgreiche Budget-Hotelkette mit viel Design und gut ausgestatteten Zimmern zu kleinen Preisen. Natürlich wird auch das Zimmer im Motel One beispielsweise zur Buchmesse nicht für die sonst üblichen 59 Euro vermietet, aber man ist vor Überraschungen sicher, denn die Termine, bei denen der »Eventaufschlag« von 20 bzw. 50 Euro gilt, sind lange im Voraus auf der Website des Hotels aufgeführt.

Innenstadt

Sofitel Frankfurt Opera ➡ aB3
Opernplatz 16
60313 Frankfurt am Main
U6/7: Opernplatz
✆ (069) 256 69 50, www.sofitel-frankfurt.com
Schöner als hier kann man in der Mainmetropole nicht residieren. Das Luxushotel steht am charmantesten Platz der Stadt. Zeilen aus Goethes Faust hängen über den Betten, das Restaurant heißt Schönemann und die Bar Lili – Anklänge an Goethes zeitweilige Verlobte Lili Schönemann. 150 sehr große Zimmer (ab 33 m²),

Die angegebenen Preiskategorien gelten für ein Doppelzimmer pro Nacht. Zu Messezeiten können die Preise wesentlich höher liegen.
€   – unter 100 Euro
€€   – 100 bis 150 Euro
€€€   – 150 bis 200 Euro
€€€€   – über 200 Euro

davon 31 Suiten mit Duftduschen. Mittwochs Livemusik in der Bar. €€€€

Steigenberger Frankfurter Hof: Alle Räume wurden zum Jahrtausendwechsel renoviert, um den Charme des 19. Jahrhunderts zu bewahren

Steigenberger Frankfurter Hof ➡ aD3/4
Am Kaiserplatz
60311 Frankfurt am Main
U1–5/8: Willy-Brandt-Platz
✆ (069) 215 02
www.steigenberger.com
Hier logieren seit je die Großen ihrer Zeit, von Benjamino Gigli und Thomas Mann bis zu den Wirtschaftsbossen von heute. Beste Citylage, 258 Zimmer, 45 Suiten, außerdem Wellness- und Spabereich sowie ein Fitnessraum. €€€€

Turm Hotel ➡ aA4
Eschersheimer Landstr. 20
60322 Frankfurt am Main
U1–3/8: Eschenheimer Tor
✆ (069) 15 40 50
www.turmhotel-fra.de
An einer der großen Schnellstraßen im Zentrum gelegen, mit Themenzimmern und Collins Bar. 74 Zimmer, das Frühstück kostet € 10, Sa/So € 10 extra, mit Parkplatz. €–€€

Ein Traum in Rosa: Zimmer 17 im Hotel Palmenhof

Westend

Palmenhof ➡ E5
Bockenheimer Landstr. 89–91, 60325 Frankfurt am Main
U6/7: Westend
✆ (069) 753 00 60, www.palmenhof.com
Der Palmenhof verfügt über 45 Zimmer und eine Suite. Das Hotel mit individueller Atmosphäre liegt ideal gegenüber dem Palmengarten. Ein Parkplatz kostet € 16 pro Tag. €€–€€€

Gölz ➡ E5
Beethovenstr. 44, 60325 Frankfurt am Main
U4/6/7: Westend
✆ (069) 74 67 35, www.hotel-goelz.de
Das Gölz bietet zwölf große Altbauzimmer im ruhigen Westend und freundliche Gastgeber. Das Frühstücksbuffet ist inklusive. Moderate Preise, Parkplatz. €–€€

Bockenheim

Falk ➡ D4
Falkstr. 38 A, 60487 Frankfurt am Main
U6/7: Leipziger Straße
✆ (069) 71 91 88 70, www.hotel-falk.de

29 Zimmer in ruhiger Lage im Uni-Stadtteil Bockenheim, Parkplatz im Hof kostet extra, Frühstücksbuffet inklusive. €–€€

Hotel Imperial Novum Frankfurt Messe am Palmengarten ➡ D4
Sophienstr. 40, 60487 Frankfurt am Main
U6/7: Leipziger Straße, U4/6/7, Tram 16: Bockenheimer Warte
✆ 08 00-600 80 81 (kostenfrei)
www.novum-hotels.com
68 Zimmer mit Schallschutzfenstern, Klimaanlage und Schreibtisch, der Palmengarten ist nur wenige Fußminuten entfernt, Frühstück € 12; Tiefgarage € 22. €–€€

Moderne Ausstattung im Hotel Imperial Novum an der Messe

Ostend

25hours Hotel The Goldman ➡ F13
Hanauer Landstr. 127, 60314 Frankfurt am Main
U6: Frankfurt Ost, Tram 11: Osthafenplatz
✆ (069) 40 58 68 90, www.25hours-hotels.com
»25hours bedeutet Stil, den man sich leisten kann, für eine Generation urbaner Nomaden, die lässig zwischen Luxus und Askese pendelt«, definiert Besit-

Im Designhotel The Goldman bestechen auch die öffentlichen Toiletten durch ihr einzigartiges Aussehen

zer und Immobilienunternehmer Ardi Goldman sein Hotelkonzept. Frankfurt ist nach Hamburg zweite Station der jungen Designhotel-Firma. Die 97 Zimmer im Haupt- und Nebenhaus sind individuell eingerichtet, alle haben Flatscreen-TV, iPod-Soundsystem, kostenfreies WLAN und Föhn. Zum Frühstück (€ 16) stehen überraschende Kreationen zur Wahl. €–€€€€

Motel One Frankfurt-East Side ➡ F13

Hanauer Landstr. 142, 60314 Frankfurt am Main
Tram 11: Osthafenplatz
✆ (069) 13 02 57 80, www.motel-one.com
Die erfolgreiche Budget-Marke ist jetzt auch viermal in Frankfurt vertreten. Alle Zimmer des Hauses sind mit Doppelbett, Flatscreen-TV, WLAN, Klimaanlage und modernen Designermöbeln ausgestattet, im Bad warten Regendusche und Föhn. WLAN ist kostenlos, das leckere Frühstücksbuffet kostet € 9,50 extra. €–€€

Gerbermühle ➡ G14

Gerbermühlstr. 105, 60594 Frankfurt am Main
S1/2/8/9: Mühlberg, Tram 15/16/18: Heister/Seehofstraße
✆ (069) 68 97 77 90, www.gerbermuehle.de
13 Zimmer und fünf moderne Suiten in alter Mühle direkt am Mainufer. Ein Hit ist die mittelalterlich gestylte Turmbar, schöner Sommergarten. Ab €

Balcony Suite im Hotel Gerbermühle

Designhotel The Pure

Am Zoo ➡ E11
Alfred-Brehm-Platz 6, 60316 Frankfurt am Main
U6/7, Tram 14: Zoo
℗ (069) 94 99 30, www.hotel-am-zoo.com
Das ältere Dreisternehaus mit 79 Zimmern befindet sich
am Zoo, Frühstück ist inklusive, der Parkplatz im Hof
kostet € 12 am Tag. €

Nähe Hauptbahnhof

Mövenpick Hotel Frankfurt City ➡ G4
Den Haager Str. 5, 60327 Frankfurt am Main
S3–6: Messe, U4, Tram 16/17: Festhalle/Messe
℗ (069) 788 07 50, www.moevenpick-hotels.com
288 Nichtraucherzimmer in modernem Design, tolle
Aussicht, sehr gutes Frühstücksbuffet, große Dachterrasse, Tiefgarage, zehn Gehminuten zum Hauptbahnhof, U-Bahn-Station Messe direkt vor der Tür. Nach
Zimmern mit Skyline-Blick fragen! Ab €

The Pure ➡ G5/6
Niddastr. 86, 60239 Frankfurt am Main
S1–9, U4/5: Hauptbahnhof
℗ (069) 710 45 70, www.the-pure.de
Der Name ist Programm: Ein Traum in schlichtem Weiß
und edlem Grau im Bahnhofsviertel. Alle 50 Zimmer
des Designhotels haben Parkett, Flatscreen und WLAN.
Ab €

*Modern eingerichtete Lounge
des Motel One am Flughafen*

Nähe Flughafen

Mercure Hotel Frankfurt Airport ➡ bC3/4
Am Weiher 20
65451 Frankfurt am Main
S8/9: Kelsterbach
Bus 72/74/78: Niederhölle
✆ (061 07) 76 80, www.mercure.com
Das Hotel liegt 3 km vom Flughafen entfernt und hat
150 klimatisierte Zimmer, die über einen Internetzu-
gang verfügen. An der Rezeption des Viersternehotels
kann man Tickets für Veranstaltungen kaufen. Hallenbad, Sauna, Internet-Terminal und Flughafen-Shuttle
sind kostenlos. Zwei Kinder schlafen gratis im Eltern-
zimmer, die Bushaltestelle ist 500 m entfernt. Ab €

Motel One Frankfurt-Airport ➡ bC4
Colmarer Str. 2
60528 Frankfurt am Main
Tram 12/19: Bürostadt Niederrad
✆ (069) 660 53 60, www.motel-one.com
Eins der Häuser der erfolgreichen Budget-Marke Motel
One in Frankfurt nahe dem Flughafen – mit eigenem
Shuttle zum Terminal 2. Alle Zimmer sind mit Doppel-
bett, Flatscreen-TV, WLAN, Klimaanlage und modernen
Designermöbeln ausgestattet, im Bad warten Regendu-
sche und Föhn. WLAN ist im Zimmerpreis inbegriffen,
das leckere Frühstücksbuffet kostet € 9,50 extra. Ab € ■

Essen und Trinken
Restaurants, Essen mit Aussicht, Cafés, Sushibars, Apfelweinwirtschaften

Die Mainmetropole hat nicht nur architektonisch, sondern auch kulinarisch einiges zu bieten. Da gibt es die Klassiker, die seit Jahren auf gleichbleibend hohem Niveau kochen wie **Erno's Bistro** im Westend oder **Emma Metzler** im Park des MAK-Museums in Sachsenhausen und die Neuzugänge im Top-Bereich wie das **Maintower Restaurant** in der Neuen Mainzer Straße mit atemberaubendem Blick auf die Skyline oder das Soul Kitchen im Ostend. Wir empfehlen ergänzend dazu originelle und bewährte Frankfurter Lieblinge, für die man nicht Wochen vorher einen Tisch bestellen muss. Nebenbei beweisen die meisten, dass gutes Essen nicht notwendigerweise ein Vermögen kosten muss.

Terrasse des Restaurants Emma Metzler

Restaurants

Emma Metzler ➡ aF5
Schaumainkai 17, Sachsenhausen
Tram 15/16: Schweizer/Gartenstraße
℃ (069) 83 04 00 94
https://emmametzler.de
Di–Sa 12–23, So 12–18 Uhr
Die Zeitschrift Feinschmecker nennt es das beste Museumsrestaurant Deutschlands, Küchenchef Jens Hirsch erkochte 2016 16 Punkte im Gault Millau, die Terrasse führt in den lauschigen Museumspark. €€€–€€€€R

Die angegebenen **Preiskategorien** beziehen sich auf ein Menü ohne Getränke:
€ – bis 15 Euro
€€ – 15 bis 25 Euro
€€€ – 25 bis 40 Euro
€€€€ – nach oben offen
Die genannten Öffnungszeiten – besonders bei den Restaurants der beiden oberen Preisklassen – gelten nicht während internationaler Messen, dann sind beinahe alle länger geöffnet, fast immer auch sonntags. Nicht in unserer Aufstellung enthalten sind die Restaurants der Luxus- und First-Class-Hotels.
R = Tischbestellung nötig

Erno's Bistro ➡ aA1
Liebigstr. 15, Westend
U6/7: Westend
☎ (069) 72 19 97, www.ernosbistro.de
Mo–Fr 12–14 und 19–22 Uhr
Der Kneipenlook aus Kantinenbesteck und Riedel-Gläsern ist längst Kult und die französische Küche von Valéry Mathis das Beste, was in der Region auf den Teller kommt. Legendärer Weinkeller. €€€–€€€€R

Holbein's ➡ aG3
Im Städel, Holbeinstr. 1, Sachsenhausen
U1–3/8: Schweizer Platz, Tram 15/16: Otto-Hahn-Platz
☎ (069) 66 05 66 66, www.meyer-frankfurt.de
Tägl. außer Mo 10–24 Uhr
Internationale Küche, Chef de Cuisine Patrick Großmayer und ein gelungenes Ambiente, das gekonnt Alt und Neu im schicken Anbau des Städel Museums vereint. Ein Museums-Café-Restaurant der ganz besonderen Art. Herrliche Terrasse. €€€–€€€€R

Restaurant Français ➡ aD3
Steigenberger Hotel Frankfurter Hof, Am Kaiserplatz
Innenstadt
U1–5/8, Tram 11/12: Willy-Brandt-Platz
☎ (069) 21 51 18, www.francais-restaurant.de
Mo–Fr 12–13.45 und 18.30–21.30, Sa 18.30–21.30 Uhr

Wohlgeschmacksküche mit der für Küchenchef Patrick Großmayer bekannten Bandbreite: das Holbein's im Städel

Mario Lohninger in seinem eigenen Restaurant

Chefkoch Patrick Bittner sammelt Michelin-Sterne wie andere Briefmarken, seit 2008 jedes Jahr einen. In gediegenem Ambiente lässt man sich bretonische Seezunge, Lamm aus dem Pauillac und Amalfi-Zitrone schmecken. €€€–€€€€R

Tiger-Restaurant im Tiger-Palast ➧ aB7
Heiligkreuzgasse 16–20, Innenstadt
S1–6/8/9, U4–7: Konstablerwache
℡ (069) 920 02 20, www.tigerpalast.de
Restaurant Mi–Sa 19.30–21.30, So 17–21.30 Uhr
Während im Tigerpalast eine bunte Variété-Show über die Bühne wirbelt, inszeniert Sternekoch Christoph Rainer im bemalten Kellerlokal seine Gerichte mit kühnen Aromakombinationen. €€€–€€€€

Herr Franz ➧ F6
Ulmenstr. 20, Westend
S1–6/8/9: Taunusanlage, U6/7: Alte Oper
℡ (069) 71 37 96 09, www.frankfurterpresseclub.de
Mo–Fr 12–2, So ab 18 Uhr
Frankfurts Gastronom mit der treuesten Fangemeinde ist nach zwei Umzügen in den letzten fünf Jahren endlich angekommen: im noblem historischen Pferdestall, der auch den Frankfurter Presseclub beherbergt. €€–€€€

Lohninger ➧ aF4
Schweizer Str. 1, Sachsenhausen
U1–3/8: Schweizer Platz
℡ (069) 247 55 78 60, www.lohninger.de
Tägl. 12–24 Uhr

Im Restaurant Orfeos Erben

Mario Lohningers eigenes Restaurant: Hier gibt es mittags das schnelle Radetzky-Menü, nachmittags Kaffeehausatmosphäre mit Kaiserschmarrn und Brettljause, abends zum Beispiel das Sechs-Gänge-Menü für 96 Euro. €€–€€€€

Opéra in der Alten Oper ➡ aB3
Opernplatz 1, Innenstadt
U6/7: Alte Oper
✆ (069) 13 40-215, www.opera-restauration.de
Mo–Fr 12–15 und ab 18, Sa/So 11–15 (Jause/Brunch) und ab 18 Uhr
Wenn es einen Ort gibt in Frankfurt, der in Rafinesse, Ambiente und Küchenqualität Pariser Niveau erreicht, dann ist es das Café Opera mit seinem eleganten Dekor und dem unvergleichlichen Charme seiner sommerlichen Terrasse, von der aus die Kontrastwelt der Bankentürme zum Greifen nah erscheint. Der Sonntagsbrunch ist Frankfurts Nummer eins. Frühzeitig reservieren. €€–€€€R

Orfeos Erben ➡ F3
Hamburger Allee 45, Bockenheim
S3–6: Frankfurt West, Tram 16/17: Varrentrappstraße
✆ (069) 70 76 91 00, www.orfeos.de
Mo–Sa 18–22, Mo–Fr auch 11.30–14.30 Uhr, So nur Kino
»Kino & Kantine, Filme und andere Delikatessen« steht seit 1999 zu Recht auf der Visitenkarte, denn hier gibt es ein stilsicheres Restaurant mit feiner Küche und ein gemütliches Programmkino – Genuss für alle Sinne, eine Lieblingsadresse der Frankfurter Szene. €€–€€€

Goldmund ➡ aE8
Schöne Aussicht 2, Innenstadt
Tram 14: Hospital zum Heiligen Geist
✆ (069) 21 08 59 85, www.gold-mund.de
Tägl. außer So 18–1 Uhr
Im klassizistischen Literaturhaus gelegen ist der Goldmund eine der schönsten Adressen nicht nur für Narziss. Von Mai bis August lockt ein Sommergarten. €–€€€

Alma ➡ C9
Schwarzburgstr. 78, Nordend
U5: Glauburgstraße

Im kleinen Kinosaal von Orfeos Erben können die Besucher Programmkino genießen

✆ (069) 27 24 82 27, www.alma-restaurant.com
Do–Sa ab 18 Uhr
»Portugals Küche elegant verfeinert«, so die FAZ, heller Gastraum mit Azulejos, Terrasse. €–€€

Café Größenwahn ➡ C9
Lenaustr. 97, Nordend
U5: Glauburgstraße

Restaurant Medici ➡ aD4

Seit das frühere Pilar als »Medici« wieder auferstanden ist, hat Frankfurt ein Lieblingslokal mehr. Mit guter Qualität, Freundlichkeit und vernünftigen Preisen in zentraler Citylage punkten Stamatios und Christos Simiakos als Pächter des schnörkellos modernen Lokals. Die Brüder mit den griechischen Familienwurzeln haben ihr Handwerk im heimischen Gummersbach erlernt und in der großen weiten Küchenwelt, unter anderem in Witzigmanns »Palazzo«, perfektioniert. Im Medici bieten sie gehobene mediterrane Küche mit Schwerpunkt auf Fisch und Meeresfrüchten.

Man sitzt an Bistrotischen, trinkt Kaffee oder Cocktails und gabelt eine Kleinigkeit. Wer es formeller mag, nimmt auf der leicht erhöhten Empore an weiß gedeckten Tischen Platz. Das kulinarische Angebot setzt jede Woche andere saisonale Schwerpunkte. Alle Gerichte sind Augen- und Gaumenfreuden: gut, frisch, pikant im Geschmack, schön angerichtet und flott serviert.

Gebratener Zander auf Safranrisotto mit wildem Brokkoli im Medici

Weißadlergasse 2, S1–6/8/9, U1–3/6–8: Hauptwache, ✆ (069) 21 99 07 94, www. restaurantmedici.de, tägl. außer So ab 11 Uhr. €€€

Beliebte Kneipe im Frankfurter Nordend: Café Größenwahn

☏ (069) 59 93 56, www.cafe-groessenwahn.de
Tägl. 16–23 Uhr
Szenekneipe im Bistro-Stil mit guter Küche von öko über mediterran bis asiatisch. Achtung: Hunde sind im Lokal nicht erlaubt. €–€€

Dicke Butz ➡ G7
Kaiserstr. 53, Innenstadt
S1–9, U4/5: Hauptbahnhof
☏ (069) 25 78 66 65, www.dicke-butz.de
Mo–Fr 12–0, Sa 12 bis open end, So 12–23 Uhr
Ein Mekka für Freunde von bestem Fleisch und Craft Bier. Für den authentischen Barbecue-Geschmack sorgt ein amerikanischer »Southern Pride«-Smoker, in dem das Fleisch acht bis zwölf Stunden geräuchert wird. €–€€

Eat Doori ➡ G7
Kaiserstr. 55, Innenstadt, S1–9, U4/5: Hauptbahnhof
☏ (069) 23 80 59 25, www.eatdoori.com
Tägl. 11.30–23 Uhr
Indian Street Food mit einem modernen Twist; zweite Location im Oeder Weg 30. €–€€

Pasta e Panini ➡ E3
Adalbertstraße 44–48, Bockenheim
S3–6: Frankfurt West
☏ (069) 24 14 44 48, www.pastaepanini.de
Tägl. außer So 11.30–20 Uhr

Kleines italienisches Restaurant, Spezialitäten sind selbst gemachte Pasta in vielen Variationen, eine gemischte Vorspeisenplatte und Tiramisu. In der neuen Location (Leipziger Str. 5, ℂ 069-97 69 83 88) gibt es alle Delikatessen zu kaufen. €–€€

Restaurant Athos ➡ E3
Große Seestr. 53, Bockenheim
U6/7: Leipziger Straße, U4/6/7: Bockenheimer Warte, Tram 16: Adalbert-/Schloßstraße
ℂ (069) 77 07 53 62, www.athos-der-grieche.de
Di–Fr 17–23.30, Sa/So 11–14.30 und 17–23.30 Uhr
Hervorragende Küche. €–€€

Tower Bar ➡ aB5
Im Eschenheimer Turm, Innenstadt
U1–3/8: Eschenheimer Tor
ℂ (069) 29 22 44, www.eschenheimer.de
Tägl. 12–1, Fr/Sa bis 3 Uhr
Mit Terrasse auf der Schillerstraße, preiswertes Business-Lunch. €–€€

Quan Van ➡ C9
Schwarzburgstr. 74, Nordend
U5: Glauburgstraße
ℂ (069) 59 97 23
Mo–Fr, So 12–15 und 18–23 Uhr
Das »Denkerstübchen« ist Frankfurts beständigster Vietnamese mit bester Frischeküche und köstlichen vegetarischen Spezialitäten; preiswertes Mittagsmenü. €

Indische Köstlichkeiten bei Eat Doori in der Innenstadt

Souper! die Suppenküche ➜ aD4
Weißadlergasse 3, Innenstadt
S1–6/8/9, U1–3/6–8: Hauptwache
✆ (069) 29 72 45 45, www.souper.de
Tägl. außer So 11.30–18 Uhr
Leckerster Stehimbiss Frankfurts. €

Essen mit Ausblick

Gut essen kann man in allen deutschen Großstädten. Aber nur in Frankfurt gibt es zum Dinner den Blick auf die magische Skyline – aus dem Restaurant eines Bankentowers auf die Straßenschluchten des Westends, von der Freiluft-Terrasse auf dem Kaufhausdach über die Türme und Kirchen der Stadt oder von der verglasten Hotelbar auf die prachtvolle Alte Oper. Fünf Adressen mit der ultimativen Aussicht stehen zur Auswahl:

Über allem:

Maintower Restaurant & Lounge ➜ aC3
Neue Mainzer Str. 52–58, Innenstadt
S1–6/8/9: Taunusanlage
✆ (069) 36 50 47 77, www.maintower-restaurant.de
Restaurant Di–Do 18–24, Fr/Sa 18–1 Uhr, Lounge Di–Do 21–24, Fr/Sa 21–1 Uhr
Zum Panoramablick wird in elegantem Ambiente gehobene deutsche Küche serviert. €€€–€€€€

Vor allem am Abend bietet sich vom Maintower eine spektakuläre Aussicht

Essen mit Blick auf den Opern-platz

Über der Alten Oper:

22nd Lounge & Bar ➡ aC3
Neue Mainzer Str. 66–68, Innenstadt
S1–6/8/9: Taunusanlage
℗ (069) 21 08 83 50, www.22nd-frankfurt.de/22nd-bar
Do–Sa 19.30–24 Uhr
Berauschend guter Blick aus dem 22. Stock auf Frank-furt, sehr gute Cocktails, stilvolle Umgebung, Live-Pianomusik. €€

Über der Schillerstraße:

LuginsLand im Fleming's Hotel Frankfurt-City ➡ aB5
Eschenheimer Tor 2, Innenstadt
U1–3/8: Eschenheimer Tor
℗ (069) 989 72 85 00, www.flemings-hotels.de
Di/Mi 17–23, Do 17–24, Fr/Sa 17–1 Uhr
Mit dem historischen Paternoster geht es hinauf in den siebten Stock. Mit Blick zum Eschenheimer Turm werden Grill-, Seafood- und Wok-Gerichte serviert, im Sommer auch auf der schmalen Terrasse. €€–€€€

Über der Zeil:

 **Leonhard's** ➡ aC5
Galeria Kaufhof, 7. Stock, Zeil 116–126, Innenstadt
S1–6/8/9, U1–3/6–8: Hauptwache
℗ (069) 219 15 79, https://leonhards-restaurant.de
Tägl. außer So 9.30–21 Uhr

Luftig speisen auf dem Dach der Galeria Kaufhof

Das Café & Restaurant im siebten Stock mit seiner Terrasse »Skylounge« bietet den besten Blick auf alles, was Frankfurt ausmacht – von den Bankentürmen bis zur Paulskirche. Zu Essen gibt es auch, von Burger bis Pizza, Wok, aber auch Kuchen, dazu Akkuladestationen und freies WLAN. €–€€

Über dem Europaviertel:

Alex im Skyline Plaza ➡ G4
Europa-Allee 8, Europaviertel
U4, Tram 16/17, Bus 32/50: Festhalle/Messe
☏ (069) 76 80 70 90, www.dein-alex.de
Mo–Do 8.30–24, Fr/Sa 8.30–24, So/Fei 9–23 Uhr
Einer von 45 deutschen Alex-Betrieben, ein Mix aus Café, Kneipe, Bar und Bistro, mit Frühstück bis 16 Uhr, Sandwiches, Burgern, Salaten, Schnitzeln, Pasta. Und hier mit tollem Blick auf Messeturm und Hochhäuser. €–€€

Cafés

Harvey's ➡ D10
Bornheimer Landstr. 64, Nordend
Tram 12: Friedberger Platz
☏ (069) 48 00 48 78, www.harveys-ffm.de
Mo–Sa 9–1, So 9–24 Uhr

Das Café bietet alles vom Frühstück über Brunch bis zum Dinner.

❶ Café Hauptwache ➡ aC4
An der Hauptwache 15, Innenstadt
S1–6/8/9, U1–3/6–8: Hauptwache
✆ (069) 21 99 86 27, www.cafe-hauptwache.de
Mo–Fr 10–22, Sa 10–23, So 10–20 Uhr
Traditionscafé und idealer Treffpunkt mit Nicht-Frankfurtern, da sich im Untergrund alle S- und fast alle U-Bahnen treffen. Hohe Preise, nicht immer freundliche Bedienung, trotzdem meist knüppelvoll.

Iimori Patisserie ➡ aD5
Braubachstr. 24, Innenstadt
Tram 11/12: Römer/Paulskirche
✆ (069) 977 682 47, www.iimori.de
Tägl. 12–18 Uhr
Eine japanische Patisserie, so klein und zauberhaft, als hätte Mary Poppins sie gerade aus ihrer Tasche geholt. Kuchen- und auch salzige Stückchen sind auf Etageren apart angerichtet, ein Stockwerk höher gibt es Lunch. Zweite Location in der Mainzer Landstraße 125.

Café Kante ➡ E11
Kantstr. 13, Nordend
U4: Merianplatz
✆ (069) 499 00 83, www.cafe-kante.de
Mo–Fr 7–20, Sa 7–19, So 8.30–19 Uhr

Japanische Patisseriekunst im Iimori

Milchkaffee und Kuchen wie von Muttern, ideal für Frühaufsteher. Engagiertes Veranstaltungsprogramm.

Café Karin ➡ aD4
Großer Hirschgraben 28, Innenstadt
S1–6/8/9, U1–3/6–8: Hauptwache
℡ (069) 29 52 17, www.cafekarin.de
Mo–Sa 9–23, So/Fei 10–19 Uhr
Der »Kaffee Karin« ist längst Kultgetränk und das zentrale Café ein Favorit für den kurzen Stopp. Frühstück gibt es den ganzen Tag. Im Sommer Tische im Freien.

Café Laumer ➡ E6
Bockenheimer Landstr. 67, Westend, U6/7: Westend
℡ (069) 72 79 12, www.cafelaumer.de

Café Laumer

Mo–Fr 9–19, Sa/So 10–19 Uhr
Angeblich war dies Adornos Stammcafé, heute ist es
eine klassische Kaffeehaus-Institution im Westend.

Lesecafé ➡ J9
Diesterwegstr. 7, Sachsenhausen
U1–3/8: Schweizer Platz
☎ (069) 62 25 23
Mo–Fr 8.30–19, Sa/So 10–18 Uhr
Seit Jahren der Café-Geheimtipp für alle, die beim Früh-
stück gern schmökern – Zeitungen, Magazine, Romane,
Lyrik. Bei gutem Wetter im schönen Hinterhof.

Café im Liebieghaus ➡ J7
Schaumainkai 71, Sachsenhausen
U1–3/8: Schweizer Platz
Tram 15/16/19: Otto-Hahn-Platz
☎ (069) 605 09 82 92, www.liebieghaus.de/de/cafe
Tägl. außer Mo 10–18 Uhr
Eine Frankfurter Institution. Bei gutem Wetter isst man
die hausgemachten Kuchen im Park, in dem Skulpturen
aus der Sammlung des Museums stehen.

Schirn Café by Badias ➡ aD5
Römerberg, Innenstadt, U4/5: Dom/Römer
☎ (069) 98 66 99 69, www.badias.de
Di–Sa 11–24, So 11–18 Uhr
Orientalische Weltküche in einem spektakulären, 12 m
hohen Glasbau nicht weit vom Römer.

Café Siesmayer ➡ D5
Siesmayerstr. 59, Westend
U6/7: Westend, Bus 36: Palmengarten
☎ (069) 90 02 92 00, www.cafe-siesmayer.de
Mi–So 9.30–17.30 Uhr
Von außen ist die Betonkiste nicht sehr attraktiv,
drinnen sieht es mit viel hellem Holz und der verglas-
ten Fensterfront zum Palmengarten viel besser aus.
Ambitionierte Küche, köstliches Frühstück und fixe,
freundliche Bedienung.

Café Wacker's ➡ D8
Mittelweg 47, Nordend
U1–3/8: Eschenheimer Tor, Bus 36: Adlerflychtplatz

In der warmen Jahreszeit bieten viele Cafés Außengastronomie am Mainufer an

☎ (069) 28 78 10, https://wackerskaffee.de
Mo–Fr 8–19, Sa 8–18, So 9–18 Uhr
Für hessische Kaffeegenießer kommt die Krönung aller Bohnen aus dem Hause Wacker's. Im stilvollen Bistro-Café kann man Wacker's beste Mischungen genießen. Insgesamt fünf Standorte in Frankfurt.

Sushibars

Das beste Sushi, fast fingerdick geschnitten, allerdings auch zu Premium-Preisen gibt es immer noch im **Sushimoto** im Westin Grand Hotel, dem Klassiker unter Frankfurts Japan-Restaurants.

Hier die Top-Empfehlungen unter den »Kings of Roll«, von teuer bis moderat, aber immer frisch und perfekt zubereitet.

Sushimoto ➡ aB6
Westin Grand Hotel, Konrad-Adenauer-Str. 7, Innen-

stadt, Eingang: Große Friedberger Straße
S1–6/8/9, U4–7: Konstablerwache
© (069) 131 00 57, www.sushimoto.eu
Di–Sa 12–14.30 und tägl. außer Mo 18–21.30 Uhr
Der Klassiker unter Frankfurts Japan-Restaurants, für den selbst Japaner einen Zwischenstopp auf ihrer Reise einlegen. €€€–€€€€

Oppenheimer Suhis & Bar ➡ aF6
Oppenheimer Str. 4, Sachsenhausen
U1–3/8: Schweizer Platz
© (069) 96 75 01 72, http://oppenheimer-sushibar.de
Tägl. 17.30–22.30, Mo–Fr auch 11.30–15 Uhr
Schick wie die Bewohner der stuckverzierten Altbauwohnungen drumherum. Die Sushibar bietet neben den herkömmlichen Sushi-Varianten auch moderne Fusion-Versionen an. €€–€€€

Kamon Sushi-Bar ➡ aD3
Friedensstr. 3, Innenstadt, U1–5/8: Willy-Brandt-Platz
© (069) 24 00 98 87, www.kamon-ffm.de
Tägl. 10.30–22.30, Fr/Sa bis 23 Uhr
Vom Laufband oder zum Mitnehmen; Kamon Buffet: 5 Gänge, jeder frisch zubereitet, € 29. €–€€

Superkato ➡ aD5
Kornmarkt 3, Innenstadt
U4/5: Dom/Römer, Tram 11/12: Römer/Paulskirche
© (069) 28 10 06
Di–Sa 10–15 Uhr
Asia-Supermarkt mit Imbiss. €–€€

Sushi am Main ➡ D7
Reuterweg 61, Innenstadt, U1–3/8: Grüneburgweg
© (069) 66 96 75 54, www.sushiammain.de
Mo–Fr 11.45–14.45 und 18–22, So nur 18–22 Uhr
Sehr beliebt. Es gibt auch eine Filiale in der Feuerbachstraße 1 (So geschl). €–€€

Sushiko ➡ J9
Schweizer Straße 61, Sachsenhausen
U1–3/8 Schweizer Platz
© (069) 60 60 54 60, www.frankfurt-sushi.de
Tägl. außer So 12–14.30 und 18–22.30 Uhr

Vier Sushimeister befüllen das Laufband mit Köstlichkeiten, von Maki bis zu pikanten Hähnchenspießen und frittierten Garnelen. €–€€

Apfelweinwirtschaften

Fichtekränzi ➡ aF7
Wallstr. 5, Sachsenhausen
S3–6: Lokalbahnhof, Tram 14–16: Textorstraße
☎ (069) 61 27 78
www.fichtekraenzi.de
Mo–Sa ab 17, So ab 16, Garten bis 23 Uhr

Der Name spricht für sich: Zum Gemalten Haus

Apfelweinwirtschaften

Die Mehrzahl der typischen Frankfurter Feucht-Biotope ist im alten Kneipenviertel von Sachsenhausen zu finden. Die echte *Ebbelwoi*-Kneipe zeichnet sich durch die lärmende, drangvolle Enge aus, in der man auf langen Bänken hockt und zwangsläufig mit allen Nachbarn ringsum in Kontakt kommt. Zu trinken gibt es das »Stöffche« im gerippten Glas. Die Speisekarte ist meist reduziert auf Brezeln, Handkäs' mit Musik oder Rippchen mit Kraut, die Zeit verbringt man mit Schwätzen und dem Studium der eingeborenen »Schoppepetzer« (lokaler Ausdruck für Apfelweintrinker).

»Ebbelwoi« aus dem »Bembel«, dazu Frankfurter Würstchen

Bereits 1849 gegründetes Traditionslokal, dessen Angebot Klaus Borsch seit 1993 um internationale Spezialitäten erweitert hat. €

Kanonesteppel ➡ H10
Textorstr. 20, Sachsenhausen
S3–6: Lokalbahnhof, Tram 14–16: Textorstraße
✆ (069) 66 56 64 66
Tägl. außer So 10–22.30 Uhr
Selbst gekeltertes in uriger Atmosphäre abseits vom Alt-Sachsenhäuser Touristennepp. Im Sommer lockt der schöne, mit Platanen bestandene Innenhof. €

Karl Solzer ➡ C12
Berger Str. 260, Bornheim
U4: Bornheim Mitte
✆ (069) 45 21 71, www.solzer-frankfurt.de
Mo–Fr 17–24, Sa 15–24, So 12.30–23 Uhr
Alteingesessene Kneipe mit ebensolchen Gästen und schönem Garten. €

Zum Gemalten Haus ➡ J9
Schweizer Str. 67, Sachsenhausen
U1–3/8: Schweizer Platz
✆ (069) 61 45 59
www.zumgemaltenhaus.de
Tägl. außer Mo 10–24 Uhr
Der ruppige Charme der Kellner und die Grüne Soße: Für beides ist das Gemalte Haus über die Stadtgrenzen hinaus berühmt. € ◼

Die Long Island Summer Lounge im Abendlicht

Nightlife
Bars, Clubs und Diskotheken, Jazzclubs

Auch wenn das Nachtleben in Frankfurt nicht erfunden wurde (das hat schon die rigide Sperrstunde verhindert), so bietet die Stadt doch eine ganze Reihe In-Adressen für Szenegänger. Institutionen der Frankfurter Nächte sind je nach Jahrgang und Gusto entweder bodenständig wie die Batschkapp, die Traditionsdisco Cooky's und das Zoom, vormals Sinkkasten, In-Place der 1970er Jahre, oder aber trendy und ausdauerstark wie die Kameha Suite. Mit dem Golden Eye in der Goethestraße und Orange Peel auf der Kaiserstraße bereichern spektakuläre und originelle Clubräume die Partyszene. Die Clubs in der **Hanauer Landstraße** ➡ F10–E15 gehören deutschlandweit immer noch zu den wichtigsten Adressen, wenn es um Nightlife geht.

Bars

Long Island Summer Lounge ➡ aB3
Auf dem Parkdeck 7 des Parkhauses Börsenstraße
Innenstadt
Zugang Kaiserhofstr. 10 oder Meisengasse
S1–6/8/9, U1–3/6–8: Hauptwache
☎ (0151) 61 50 98 89
www.longislandsummerlounge.de
Im Sommer Mo–Fr 16–1, Sa/So/Fei 14–1 Uhr
Eintritt € 5
Die namensgebende Insel ist für ihre langen Sand-
strände berühmt; hier auf dem Parkdeck gibt es zwei
flache Pools und 500 Sitzplätze (teilweise Liegestühle),
aber kein einziges Sandkorn.

Rote Bar ➡ aE6
Mainkai 7, Innenstadt
U 4/5: Dom/Römer
☎ (069) 29 35 33, www.rotebar.com
So-Di 20-00, Fr/Sa 8-01 Uhr
Ein Geheimtipp der Frankfurter. Die Rote Bar befindet
sich im Erdgeschoss eines herkömmlichen Wohnhauses
und ist daher von außen nicht sichtbar. Im Inneren erwartet den Besucher eine Bar im 20er-Jahre-Stil.

*Der Rockclub bietet Platz für bis
zu 1500 Musikbegeisterte*

The Parlour ➡ aB4
Zwingergasse 6, Innenstadt
Alle S-Bahnen, U1–3/8: Hauptwache
℅ (069) 26 01 82 90
Mo–Do 20–2, Fr–So 20–4 Uhr
Kein Schild draußen, keine Klingel. Man muss an die Scheibe klopfen, und wenn man Pech hat, sind alle Plätze besetzt und man kommt nicht mehr rein. Wenn man Glück hat: originelle und außergewöhnliche Cocktails, ohne Karte, aber mit Beratung.

Yachtclub ➡ aE7
Auf Höhe Deutschherrnufer 12, an der alten Brücke
℅ (0176) 65 56 85 21, https://yachtklub.de
Bei gutem Wetter Mo–Fr ab 16, Sa/So ab 14 Uhr
Die gemütliche Bar befindet sich auf einem Boot. Man blickt über den Main und auf die Skyline.

Freude der Gitarrenmusik werden im Stadtteil Seckbach fündig

*Selbstverwaltetes Kultur-
zentrum in einer ehemaligen
Brotfabrik im Stadtteil Hausen*

Clubs und Diskotheken

Batschkapp ➡ bB5
Gwinnerstr. 5, Seckbach
U4/7: Gwinnerstraße
✆ (069) 95 21 84 10, www.batschkapp.de
Illustre Namen traten einst in der alten Batschkapp auf,
die seit ihrer Gründung 1976 ein Treffpunkt der linken
Gegenkultur in Frankfurt war: Die Ärzte, Pearl Jam,
Nirvana, The Bangles, Sinéad O'Connor, Rammstein und
Robbie Williams kamen zu Beginn ihrer Karrieren nach
Eschersheim. Seit 2013 residiert die neue Batschkapp in
einer größeren Halle in Seckbach.

Belle Club ➡ bB5
Hanauer Landstr. 190, Ostend
Tram 11: Schwedlerstraße
✆ 0174-622 58 99, http://belleclub.de
Fr/Sa ab 20, Programm ab 23 Uhr
Club und Disco, im Sommer (Mai–Sept.) mit Open-Air-
Roofgarden.

Brotfabrik ➡ B1
Bachmannstr. 2–4, Hausen
U6/7: Industriehof
✆ (069) 24 79 08 00, www.brotfabrik.de
Erstklassige Adresse für Weltmusik und Jazz. Mittwochs
Salsa-Disco. Dreimal die Woche gibt es Theater. Auf

AdLib Club ➡ F4

Wenn in der Musik-Partitur »ad libitum« über den Noten steht, hat der Interpret jede Freiheit der Interpretation. Entsprechend darf im AdLib von Rusbeh Toussi jeder Gast auf seine Weise selig werden. Die 2011 eröffnete Club-, Bar-, Restaurant- und Eventlocation bietet auf drei Etagen des Alfa-Romeo-Hochhauses in der Nähe des Osthafens 1600 Quadratmeter Platz zum Feiern. Spektakulär ist der Blick von der Dachterrasse, die höchste und schönste bewirtschaftete Dachterrasse der Stadt. Drinnen hat man sich im Design am legendären New Yorker Studio 54 orientiert, auf jeder der drei Etagen gibt es eine Bar.

Donnerstags ab 21 Uhr heißt es »C(h)ampusnight«, der Schampus für Studenten, die € 3 Eintritt zahlen, kostet € 4,50, Classics, Black und House kommen auf den Plattenteller. Jeden ersten Freitag ist »Black-Sushi« angesagt: rabenschwarze Musik und Sushi for free, Eintritt € 10, jeden vierten Freitag feiert das Adlib die Neunziger mit Hip-Hop, R&B, Old School, samstags »3rd Dimension«: Danceclassics, R&B, Soul, Funk Beats, der Dresscode ist stylish/chic (Schwedlerstr. 8, Industriegebiet Fechenheim, Tram 11: Schwedlerstraße, www.adlib-ffm.de).

dem urigen Areal kann man sich auch in die »Melo Bar« oder ins »kp–21« setzen, eine gelungene Mischung aus Apfelweinwirtschaft und Bistro.

Cooky's ➡ aD4
Am Salzhaus 4, Innenstadt
S1–6/8/9, U1–3/6–8: Hauptwache
✆ (069) 28 76 62, www.cookys-club.de
Fr/Sa ab 23 Uhr
Älteste Disco der Stadt, 2009 renoviert.

Golden Eye ➡ aC3
Goethestr. 31–33, Innenstadt
S1–6/8/9, U1–3/6–8: Hauptwache
✆ (0174) 777 72 10
http://club-golden-eye.com
Daten vgl. Website, ab 23 Uhr
Weil die drei Macher Mourad Kouskous, Leif Lohse und Thomas Angelow James-Bond-Fans sind, tauften sie den neuen alten Club, der im Februar 2918 an der teuren Goethestraße eröffnet wurde, auf »Golden Eye« (einst Kane und Abel). Gold, Silber und Schwarz sind denn auch die vorherrschenden Farben, schwarz ist vor allem die Black Music der 1980er und 1990er Jahre, dazu Hip-Hop und R & B. Zielgruppe ist »ein älteres Publikum ab Mitte 20«.

Stilvolles Ambiente erwartet die Besucher der Kameha Suite

Kameha Suite ➡ aC2
Taunusanlage 20, Innenstadt
S1–6/8/9: Taunusanlage
✆ (069) 480 03 70
www.kamehasuite.de
Mo–Do 12–14 und 18–23, Fr 12–14 und 18–1, Sa nur 18–1 Uhr
Stylishe Eventlocation mit elegantem Restaurant sowie Whiskey- und Cocktailbar mit Blick auf die Alte Oper.

Orange Peel ➡ aE2/3
Kaiserstr. 39, Innenstadt
U1–5/8, Tram 11/12: Willy-Brandt-Platz
✆ (0152) 54 08 55 37, www.orange-peel.de
Di und Do ab 21, Fr/Sa ab 23, So ab 20 Uhr
Angesagter Live-Club mit ungewöhnlichem Programm, von schrägen Theatervorführungen über Jazz- und Blues-Konzerte bis zu Lesungen und Rock 'n' Roll-Shows.

Tanzhaus West ➡ K4
Gutleutstr. 294, Gutleutviertel
S3–6: Galluswarte
www.tanzhaus-west.de, Fr/Sa ab 23 Uhr
In der 1923 erbauten Lagerhalle der ehemaligen Farbenfabrik Dr. Carl Milchsack gehen Wochenende für Wochenende zu elektronischen Klängen und Livekon-

Volle Tanzflächen in den Frankfurter Clubs wird es erst nach Corona wieder geben

zerten Tanzspektakel ab, bei denen auch hartnäckige Dancefloor-Verächter bassweich gekocht werden.

Zoom ➡ aB5/6
Brönnerstr. 5–9, Innenstadt
S1–6/8/9, U1–3/6–8: Hauptwache
☎ (069) 69 71 30 05, www.zoomfrankfurt.com
Konzerte ab 21, Partys Fr/Sa ab 23 Uhr
Einst logierte hier der »Sinkkasten«, eine Frankfurter Legende, für die Konzerte stand das Publikum seinerzeit bis auf die Zeil um Karten an. Später rockten hier die Haudegen vergangener Jahrzehnte, am Ende blieben Schulden in sechsstelliger Höhe. Inzwischen wurden die Räume verkleinert und das Programm wurde umgekrempelt. Heute dominieren Elektro und Indie, Dancehall, Reggae sowie Hip-Hop und R & B. Außerdem gibt es ein feines Livemusik-Programm mit Rock, Pop, Singer/Songwriter und Folk sowie Lesungen.

Jazzclubs

Mit Jazz zum Dritten wird in Frankfurt alljährlich der 3. Oktober gefeiert

Das kleine Gässchen, das parallel zur Fressgass verläuft, heißt im Stadtplan Kleine Bockenheimer Straße, im Volksmund »Jazzgass'«. Bereits Anfang der 1950er Jahre spielten hier im legendären **Jazzkeller** internationale Superstars gegen den Adenauer-Mief an. Bis heute ist »der Keller« das Mekka nicht nur der Frankfurter Jazz-Gemeinde geblieben.

Jazzkeller Frankfurt ➡ aC3
Kleine Bockenheimer Str. 18 A, Innenstadt
U6/7: Alte Oper
✆ (069) 28 85 37, www.jazzkeller.com
Geöffnet nur bei Konzerten, Mi Jam Session, Programm online
Der einzige Ort in Frankfurt, der genauso in New York oder Chicago sein könnte: Weltklasse-Jazz hautnah, mit gutem Konzertflügel und ohne große Technik. Gespielt wird »richtiger« Jazz, keine Avantgarde. Legenden wie Ernie Watts, Vincent Herring und Don Braden treten regelmäßig auf. Freitags »Swinging Latin Funky Dance-nite«. Nur Drinks, keine Küche.

Jazzlokal Mampf ➡ aB8
Sandweg 64, Innenstadt
U4: Merianplatz
✆ (069) 44 86 74, www.mampf-jazz.de
Tägl. 18–1, Fr/Sa bis 2 Uhr
Winzige Kneipe, die bei Veranstaltungen und am Wochenende aus allen Nähten platzt. Hier treffen sich nicht nur Freunde des Jazz, sondern auch Musiker, die oft spontan zu einem Gig bereit sind. ■

Wilson de Oliveira und »Frankfurt Jazz Big Band« mit Enrique Telleria (Bandoneon) beim »Jazz im Palmengarten«, einer legendären Konzert-institution mit internationalen Top-Ensembles

Kultur und Unterhaltung
Theater, Oper, Konzert, Tanztheater, Varieté, Kabarett, Literatur

1880 eröffnete das Frankfurter Opernhaus mit Mozarts »Don Giovanni« und rückte damit in die Kategorie der großen Häuser auf. Der zur Eröffnung aus Berlin angereiste Kaiser Wilhelm I. kommentierte den aus Bürgerspenden und städtischen Geldern errichteten, imposanten Bau mit dem Satz: »Das könnte ich mir in Berlin nicht erlauben.« Nach 1945 taten sich die Frankfurter mit ihrer düster wirkenden Kriegsruine allerdings schwer. Der SPD-Bürgermeister Rudi Arndt schlug seinerzeit sogar vor, die Reste zugunsten eines Parkplatzes zu sprengen, was ihm den Namen »Dynamit-Rudi« einbrachte. Nach langen Diskussionen wurde die Alte Oper wieder aufgebaut und 1981 unter großen Protesten mit Mahlers 8. Sinfonie eröffnet. Ein eigenes Theater mit festem Ensemble gab es in Frankfurt dagegen schon

Ticket-Hotline/Frankfurt Ticket
Zentraler Kartenverkauf (städtische Bühnen ausgenommen)
℡ (069) 134 04 00
Telefonische Reservierung Mo–Fr 9–19, Sa 10–15, So 13–17 Uhr
Es gibt auch viele Last-Minute-Angebote.

Taiko-Drummer treten im Schauspielhaus im Rahmen der Japanischen Woche auf

Theateraufführung unter freiem Himmel

seit 1782, das als »Frankfurter Nationaltheater« rasch überregionale Bedeutung erlangte.

Heute besitzt Frankfurt neben der als Gastspielhaus geführten Alten Oper mit den 1903 errichteten Städtischen Bühnen den größten hessischen Theaterbetrieb. Ursprünglich wurden die Städtischen Bühnen als Vier-Sparten-Haus mit Oper, Schauspiel, Ballett und TAT geführt. Die Sparten Ballett (das unter der Leitung von William Forsythe, 1984–2004, Weltgeltung erlangte) und die traditionsreiche Bühne des TAT (das in den 1970er Jahren mit der Bauernoper die gesamte linke Szene ins Theater holte) wurden 2004 aus finanziellen Gründen geschlossen.

Unter der Leitung von Harry Buckwitz und später von Peter Palitzsch profilierte sich das **Schauspiel Frankfurt** in den 1950er und 1960er Jahren zur wichtigsten westdeutschen Brecht-Bühne. 2017 löste Anselm Weber Oliver Reese als Leiter des Schauspiels ab, Bernd Loebe leitet weiterhin die Oper. 2013 gewann sie den International Opera Award, 2018 bekam sie nach 1996, 2003 und 2015 bereits zum vierten Mal den begehrten Titel »Opernhaus des Jahres«.

Achtung: Einige Theater befinden sich im Juli und August in der Sommerpause.

Theater, Oper

The English Theatre ➡ aE3
Gallusanlage 7, Innenstadt
U1–5/8, Tram 11/12: Willy-Brandt-Platz
✆ (069) 24 23 16 20, www.english-theatre.de

1979 gegründet ist das Theatre nach dem Vienna's English Theatre und dem English Theatre of Hamburg das drittälteste und das größte englischsprachige Theater Europas. Auf dem Programm stehen Eigenproduktionen und Gastspiele aus den USA und Großbritannien. James the Bar verführt zu einem Absacker nach der Vorstellung.

Fliegende Volksbühne ➡ aD4
Großer Hirschgraben 15, Innenstadt
S1–6/8/9, U1–3/6–8: Hauptwache, U4/5: Willy-Brandt-Platz
℡ (069) 407 66 20, https://volksbuehne.net
Der Schauspiel-Tausendsassa Michael Quast gründete mit Gleichgesinnten im Dezember 2008 Frankfurts intelligentestes und witzigstes Volkstheater, zu sehen im Cantatesaal neben dem Goethe-Haus.

Gallus-Theater ➡ J3
Kleyerstr. 15, direkt an der Galluswarte, Gallusviertel
S3–6: Galluswarte
℡ (069) 75 80 60 20, www.gallustheater.de
1988 wurde auf dem Gelände der ehemaligen Adlerwerke, im »Galluspark«, das Gallus-Theater eröffnet. Zu sehen sind Kabarett, Klassiker, Ballett und Kinderstücke.

Internationales Theater ➡ F10
Hanauer Landstr. 5–7, Ostend
S1–6/8/9: Ostendstraße
℡ (069) 499 09 80, www.internationales-theater.de
Stücke in englischer, französischer, russischer, japanischer und italienischer Sprache werden gespielt. Es gibt Sprech-, Tanz- und Musiktheater sowie Konzerte.

Die Komödie ➡ aE4
Neue Mainzer Str. 14–18, Innenstadt
U1–5/8, Tram 11/12: Willy-Brandt-Platz
℡ (069) 28 45 80, www.diekomoedie.de
Leichte Muse. Im 1999 eröffneten Haus tobt der Boulevard und bringt zumeist ältere Semester zum Lachen.

❖ Landungsbrücken ➡ K4
Gutleutstr. 294, Gutleutviertel

S3–6: Galluswarte, Bus 37: Johanna-Kirchner-AHZ
℗ (069) 25 62 77 44 (Kartenreservierung Mo, Mi, Fr
15–18, Di, Do 11–14 und Mo–Sa 18–22 Uhr)
www.landungsbruecken.org
Auf dem Gelände der ehemaligen Druckfarbenfabrik
Milchsack taten sich 2004 junge Theatermacher zusammen und gründeten die »Landungsbrücken«. Seitdem
bereichern eigene Produktionen, Gastspiele, Tanz-
perfomances und das Kinder-Musical vom Ritter Rost
Frankfurts Off-Theater-Szene.

Oper ➡ aE3
Untermainanlage 11, Willy-Brandt-Platz, Innenstadt
U1–5/8, Tram 11/12: Willy-Brandt-Platz
℗ (069) 21 24 94 94, www.oper-frankfurt.de
Seit der Saison 2002/03 gelingt es Bernd Loebe, die
Oper Frankfurt in den Rankings der besten deutschen
Musiktheaterbühnen regelmäßig auf einem der ersten
Plätze erscheinen zu lassen. Viele Weltstars der Oper
haben sich hier ihre Meriten verdient.

Gordon Bintner (Uberto) und Frank Albrecht (Vespone) in La serva padrona (Die Magd als Herrin), Oper Frankfurt

Rezi-Babbel ➜ aF6
Johann-Sittig-Str. 7, Sindlingen
S1: Sindlingen
℡ (069) 37 21 18
www.rezi-babbel.de
Bestes Ein- bis Drei-Mann-Mundarttheater. Kult sind
die regelmäßig veranstalteten Stadtführungen »Höchst
theatralisch« mit Schlossgespenst Gudula.

Schauspiel Frankfurt ➜ aE3
Neue Mainzer Str. 17, Innenstadt
U1–5/8, Tram 11/12: Willy-Brandt-Platz
℡ (069) 21 24 94 94 (Vorverkauf)
www.schauspielfrankfurt.de
Das Haus bietet vier Spielstätten: Schauspielhaus, die
kleine Box auf den Schauspielhaus-Treppen, Kammer-
spiel (Zugang Mainseite) und Bockenheimer Depot.

Theaterhaus
Vgl. S. 193.

TAT

Das Theater am Turm (TAT), einst vom Frankfurter Bund für Volksbildung in der Tradition der Arbeiterbildung betrieben, wurde in den 1960er Jahren unter der Leitung
des jungen Claus Peymann zum kritischen Theater, das sich wenig später auch als
Experimentierfeld einer umfangreichen Mitbestimmung des Ensembles verstand.
Ab 1975 wurde Rainer Werner Faßbinder Direktor am TAT, um es nach Streitigkeiten
über Mitbestimmung, Selbstverständnis und Etats nach nur acht Monaten wieder
zu verlassen. Danach übernahm Hermann Treusch bis 1979 die Leitung.
  Peter Hahn baute ab Juli 1979 ein neues Haus als internationale Spiel- und Produktionsstätte für freie Künstler und Gruppen auf. Nach umfangreichem Umbau
zu einem variabel einsetzbaren Theaterraum wurde das TAT im September 1980
wieder eröffnet. Peter Hahn brachte das Living Theatre NY, John Cage, George
Tabori, Walter Zimmermann und viele andere nach Frankfurt, die hier oft ihre
weitere künstlerische Karriere begründeten. 1986 wurde das TAT als ensembleloses
Stadttheater und mit dem Ziel neue, experimentelle Theaterformen zu entwickeln
in die neu gegründete »Kulturgesellschaft« eingegliedert. Unter der Leitung von
Tom Stromberg blieb es auch weiterhin Schauplatz renommierter europäischer
Theatertruppen. Bis 2004 war es unter der Intendanz von William Forsythe und
mit den vielbeachteten Inszenierungen von Tom Kühnel und Robert Schuster am
Spielort Bockenheimer Depot Ort neuer Theaterformen. Nach dem Weggang des
TAT aus dem Bockenheimer Depot teilen sich aktuell die Städtischen Bühnen die
Räumlichkeiten mit einer Event-Managing-Firma.

Konzert

*Der Große Saal der
Alten Oper Frankfurt*

❼ Alte Oper Frankfurt ➡ aB3
Opernplatz, Innenstadt
U6/7: Alte Oper
✆ (069) 134 04 00, www.alteoper.de
Frankfurts schönstes Fotomotiv ist auch die kulturelle
Vorzeigeadresse der Stadt. Im 1981 eröffneten Prunkbau gastiert alles, was top und teuer ist, von Max Raabe
und Edita Gruberova bis zu Broadway-Hits und der
New Yorker Metropolitan Opera. Hier findet auch das
Opernplatzfest im Juni mit Livemusik und Kulinari-
schem statt. Das ganze Jahr über ist der weite Platz
mit Cafés, Restaurants und dem prächtigen Brunnen
ein Parcours für Flaneure.

Jahrhunderthalle ➡ bC3
Pfaffenwiese 301, Höchst
S1/2: Farbwerke
✆ (069) 360 12 36, www.jahrhunderthalle.de
In der gigantischen Halle gastieren große Orchester
ebenso wie die Helden des Rock und Pop. Es gibt die
ganze Palette von Klassik bis Unterhaltung, von Musical
bis zu Star-Events.

Das Team der Schmiere

Tanztheater, Varieté, Kabarett

Katakombe – Theater am Zoo ➡ E10/11
Pfingstweidstr. 2, Ostend
U6/7, Tram 14: Zoo
✆ (061 72) 98 37 65, www.katakombe.de
Schauspiel, Musicals und Kindertheater werden geboten.

Mousonturm ➡ E11
Waldschmidtstr. 4, Ostend
U4: Merianplatz, Tram 14: Waldschmidtstraße
✆ (069) 405 89 50
www.mousonturm.de
Das Kulturzentrum in der ehemaligen Seifenfabrik
bietet gleich zwei frisch renovierte Spielorte für Tanztheater, Kabarett, Revuen, Satiren und Musiktheater.
Ausstellungen und Lesungen komplettieren das viel-
seitige Programm.

Neues Theater Höchst ➡ bC4
Emmerich-Josef-Str. 46 A, Höchst
S1/2: Frankfurt-Höchst, Bus 51/53/59: Emmerich-
Josef-Straße
✆ (069) 33 99 99 33, www.neues-theater.de
Eine Topadresse für alle Freunde von Kabarett und
Varieté, Comedy und Clowns, Liedern und Chansons.
Die jährlichen Varieté-Wochen im Frühjahr und im
Herbst (Vorstellungen 16 und 20 Uhr) bieten eine
Mischung aus Jonglage, Akrobatik, Kabarett und Per-
formance zu attraktiven Eintrittspreisen.

Die Schmiere ➡ aE4
Seckbächer Gasse 4, Innenstadt
U1–5/8, Tram 11/12: Willy-Brandt-Platz
✆ (069) 28 10 66, www.die-schmiere.de
Satirisches Theater, Kabarett und Ausstellungen im
Keller des Karmeliterklosters.

Stalburg Theater ➡ C9
Glauburgstr. 80, Nordend
U5: Glauburgstraße
✆ (069) 25 62 77 44, www.stalburg.de
»Voll im Trend? Och nö« heißt die Devise; auf dieser
Bühne – der einzigen mit angeschlossener Apfelwein-

wirtschaft – gibt es stattdessen Theater, Klezmer, Kabarett, Klavierabende und etwas andere Lesungen.

Tigerpalast Varieté ➡ aB7
Heiligkreuzgasse 16–20
Innenstadt, S1–6/8/9, U4–7: Konstablerwache
℗ (069) 920 02 20 (Vorverkauf), www.tigerpalast.de
Frankfurts bekannteste Adresse für nobles Varieté verdankt ihre Existenz dem Initiator mit Sponti-Vergangenheit Johnny Klinke. Gourmet-Restaurant (Mi–Sa) im Haus.

Literatur

Literaturhaus ➡ aE8
Schöne Aussicht 2, Innenstadt
Tram 14: Hospital zum Heiligen Geist, Bus 30/36: Schöne Aussicht
℗ (069) 756 18 40, www.literaturhaus-frankfurt.de
Literaturgespräche »Schöne Aussichten«, Kinderbuchsonntage, Lesungen, Literaturfeste.

Romanfabrik ➡ F12
Hanauer Landstr. 186, Ostend
U6: Frankfurt Ost
℗ (069) 494 09 02, www.romanfabrik.de
Lesungen, Chansonabende, Tango-Café, Salsadisco. ■

Varieté-Theater im Tigerpalast mit atemberaubender Akrobatik

Shopping
Einkaufsstraßen, -zentren, Kulinarisches, Buchhandlungen, Geschenke, Schneiden

Shopping-Fans finden in Frankfurt eine große Auswahl ganz unterschiedlicher Einkaufserlebnisse: von der amerikanisch inspirierten, glasüberdachten Einkaufswelt des **NordWestZentrums** über die noble **Goethestraße** bis zu gemütlichen Bummelmeilen wie der **Berger** oder **Leipziger Straße**. Ein Muss für alle Flanierfreunde ist **MyZeil** mit der 50 Meter langen Rolltreppe und knapp 100 Shops auf fünf Ebenen.

Im liebenswerten Kontrast dazu steht der traditionelle Flohmarkt, der jeden Samstag 9–14 Uhr im wöchentlichen Wechsel am Mainufer und am Osthafenplatz stattfindet (✆ 069-21 24 85 62).

Auf dem unteren Teil der beliebten Einkaufsstraße findet jedes Jahr das Berger Straßenfest statt

Goethestraße: Einkaufsmeile für gehobene Ansprüche

Einkaufsstraßen

❀ Berger Straße ➡ E10–A13
Die 3 km lange Einkaufsstraße ist eine multikulturelle Bummelzone mit nachbarschaftlichem Flair und alternativem, oft ökologisch orientiertem Publikum.

Goethestraße ➡ aC3/4
Was den New Yorkern ihre Fifth Avenue und den Londonern ihre Oxford Street, ist den Frankfurtern ihre Goethestraße. Zwar präsentiert sie sich mit kaum 400 m Länge (zwischen Goethe- und Opernplatz) viel kürzer und längst nicht so *busy*, aber mit ihrem Angebot internationaler Designer muss sie sich vor ihren großen Vorbildern nicht verstecken. Armani, Aigner, Bogner, Burberry, Chanel, Ferragamo und seit Kurzem Zegna geben sich hier ein illustres Stelldichein. Damit nicht nur modisch alles stilecht ist, sind auch Bulgari, Cartier und Tiffany mit ihrem kostbaren Schmuck vertreten. Schließlich komplettieren die Schuhe von Gucci und die Foulards von Hermès das Angebot.

Hanauer Landstraße ➡ F10–E15
Früher Teil eines riesigen Industriegebiets, heute Sitz zahlreicher Internetfirmen und Werbeagenturen: Wer sich auf die Suche nach Designer-Outlets oder Möbeln der etwas anderen Art begibt, wird hier schnell fündig.

Außerdem haben sich nirgends in der Stadt so viele Autohändler angesiedelt. Nach Ladenschluss gehört die Straße der *Partycrowd,* denn mit dem Belle Club residiert hier einer der hippsten Clubs der Stadt. Bars und Trendlokale wie das Oosten in der Mayfarthstraße im coolen Industriedesign und mit Biergarten unter Platanen direkt am Main machen das Nightlife perfekt.

Leipziger Straße ➡ D3–E4
Bunt und multikulturell geht es auf der Leipziger zu. Trendige Läden sind hier ebenso zu finden wie alteingesessenes Gewerbe. Optiker, Obst- und Gemüsehändler, Schreibwaren-, Foto- und Handygeschäfte, Apotheken und Boutiquen haben sich angesiedelt. Außerdem lohnt ein Blick in die vielen Hinterhöfe und kleinen Seitenstraßen, in denen sich noch das eine oder andere interessante Geschäft befindet. Der ehemalige Kaufhof wurde umgebaut und beherbergt jetzt pfiffige Läden wie das Kochhaus mit Einkauf nach Rezepten.

Oeder Weg ➡ E8–C9
Gar nicht öde präsentiert sich die Shopping-Meile im Nordend: Hier vermischen sich Wohnen, Arbeiten und Einkaufen aufs Feinste. Mode, Wäsche, Schreibwaren, Blumen, Delikatessen und Biokost bestimmen das Angebot. Auch die Nähe der Musikhochschule ist nicht zu übersehen, denn allein drei Musik- und Klaviergeschäfte haben auf dem Oeder Weg ihr Zuhause. Nach dem Bummel geht es entweder zum Schlemmen in ein Restaurant – oder aber ins Kinocenter Cinestar Metropolis.

Schillerstraße ➡ aB/aC4
Freundlich und harmlos addieren sich auf der Schillerstraße zwischen Hauptwache und Eschenheimer Turm Spezialisten für Möbel und Geschirr, Damen- und Herrenboutiquen; attraktive Abwechslung bietet der wöchentliche Schillermarkt Fr 9–18 Uhr.

Schweizer Straße ➡ H8–J9
Die zentrale Achse des Stadtviertels Sachsenhausen hat ihren Charakter von allen Stadtteil-Straßen Frankfurts am stärksten verändert. Aus der ehemals bodenständigen Adresse der einheimischen »Schoppepetzer« wurde in der zweiten Hälfte der 1980er Jahre eine gla-

mouröse Lifestyle-Meile mit Edelläden und Gourmet-Geschäften.

Steinweg → aC4

Platzhirsch in der Fußgängerzone zwischen Hauptwache und Goetheplatz ist (neben Juwelier, Parfümerie und Bekleidungsladen) eindeutig mit stahlgrauer Front Hugendubel, Frankfurts größtes Buchkaufhaus.

Zeil → aC5–aB8

Frankfurts bekannteste Einkaufsadresse – zwischen Hauptwache und Konstablerwache reihen sich die edelsten und teuersten Kaufhäuser aneinander.

Einkaufszentren

MyZeil → aC5

Zeil 106, Innenstadt
S1–6/8/9, U1–3/6–8: Hauptwache
www.myzeil.de
Tägl. außer So 10–20 Uhr, Restaurants und manche Shops länger
Das vom italienischen Stararchitekten Massimiliano Fuksas spektakulär gestaltete Einkaufszentrum scheint die Besucher durch seinen geschwungenen, gläsernen

Erinnerungstafel an Max Beckmann in der Schweizer Straße

Die Frankfurter Zeil ist die berühmteste und geschäftigste Einkaufsstraße der Stadt

Trichter geradezu ins Gebäude zu saugen. Unter einem Wolkengebirge aus Glas erreicht man über Europas längste freischwebende Rolltreppe acht Ebenen, auf denen es ausschließlich Neues gibt, nämlich Labels, die bislang in Frankfurt noch nicht vertreten waren, sowie einen boomenden Outdoor-Bereich. In der vierten Etage lockt seit April 2019 »Foodtopia« mit Kulinarik und Entertainment.

NordWestZentrum ➡ bB4

Limescorso 8, Niederursel
U1: Nordwestzentrum
☎ (069) 58 09 020, www.nwz-frankfurt.de
Tägl. außer So 10–20 Uhr
Die moderne, mehrstöckige Passage entstand nach dem Vorbild amerikanischer Malls und bietet Erlebniseinkauf in vielen kleinen Geschäften (Boutiquen, Lebensmittel, Spielzeug, Kaufhäuser). Im Sommer wird die große Glaskuppel geöffnet (Parkebene für Pkws mit niedrigen Gebühren).

Das Einkaufszentrum Skyline Plaza

Skyline Plaza ➡ G4/5
Europa-Allee 6, Europaviertel
U4, Tram 16/17, Bus 32/50: Festhalle/Messe
℡ (069) 29 72 87 00, www.skylineplaza.de
Tägl. außer So 10–20 Uhr, Restaurants und manche
Shops länger
Nomen est omen: Von der Dachterrasse des neuesten
Shoppingcenters im Europaviertel geht der Blick über
die Hochhäuser der Skyline. In den drei Etagen darun-
ter finden sich alle Marken, die es auch auf der Zeil
gibt, außerdem Shops wie Strellson oder Marco Tozzo
und eine Filiale der Osianderschen Buchhandlung mit
pfiffigem Personal und schnellstem Lieferservice – per
Fahrradkurier.

Wertheim Village ➡ östl. bD8
Almosenberg, 97877 Wertheim
℡ (093 42) 919 91 00
www.tbvsc.com/wertheim-village/de
Tägl. außer So 10–20 Uhr
US-amerikanische Vorbilder hat das Outlet Shopping
Village, das an der A3 zwischen Frankfurt und Würz-
burg mit exklusiven Marken und starken Preisnach-
lässen Kunden lockt. Inzwischen präsentieren sich
110 Läden verschiedener Marken in einer Einkaufs-
atmosphäre mit edlem Flair.

Kulinarisches

Bitter & Zart ➡ aD6
Braubachstr. 14, Innenstadt
U4/5: Dom/Römer, Tram 11/12/14: Römer/Paulskirche
Chocolaterie ℡ (069) 94 94 28 46, Salon ℡ (069) 96 86
98 16, www.bitterundzart.de
Chocolaterie Mo–Fr 10–18, Sa 10–16 Uhr, Salon tägl.
12–18 Uhr
Gabi Fürstenberger und Sabine Seidel starteten 2003 in
der Nähe des Doms ihre Chocolaterie, die schnell zum
Geheimtipp wurde. So fantasievoll und bunt wie der
lebensgroße Pfau aus Styropor, der den Laden bewacht,
sind auch die Pralinen, Bonbons und Schokoladen.

Feinkost Zarges ➡ aC4
Kalbächer Gasse 10, Innenstadt

Im Gewürz- und Teehaus Schnorr werden auch verschiedene Sorten Reis und Curry verkauft

S1–6/8/9, U1–3/6–8: Hauptwache
℗ (069) 29 90 30, www.zarges-frankfurt.com
Mo–Sa 12–22, So/Fei 12–21 Uhr
Ein Blick in das feine Fressgass-Lokal mit Confiserie – und schon läuft einem das Wasser im Mund zusammen. Von pikant bis süß, von simpel bis mondän, dabei immer in höchster Qualität.

Frischeparadies Edelfisch ➡ bC4
Lärchenstr. 101, Griesheim
S1/2: Griesheim
℗ (069) 380 32 30, www.frischeparadies.de
Mo–Mi 8–18, Do/Fr 8–19, Sa 9–17 Uhr
Immer noch ein Geheimtipp ist das Frischeparadies Edelfisch: Einst nur für Gastronomen steht es heute jedem offen und offeriert nicht nur frischen Fisch und allerlei Meeresgetier, sondern auch Geflügel, Gemüse, Obst und eine Riesenauswahl feinster Manufakturprodukte. Jeden ersten Mo im Monat »Cash-and-Carry«-Tag. Bistro Di–Sa 11.30–15 Uhr.

Gewürz- und Teehaus Schnorr ➡ aD5
Neue Kräme 28, Innenstadt
S1–6/8/9, U1–3/6–8: Hauptwache
℗ (069) 28 47 17
www.teeshop.de
Tägl. außer So 9.30–18 Uhr
Der Himmel für Teetrinker: Immerhin stehen hier über

300 Sorten zur Auswahl, darunter jede Menge Fernöstliches, aber auch Kräutertee auf Biobasis. Damit die Teezeremonie gelingt, gibt es das Porzellan und Handwerkszeug dazu. Außerdem: neue Schokoladenkreationen und Gewürzabteilung. Weltweiter Versand.

Galeria Karstadt Kaufhof ➠ aC6
Zeil 90, Innenstadt
S1–6/8/9, U4–7: Konstablerwache
℡ (069) 92 90 50, www.galeria.de
Tägl. außer So 10–20 Uhr
Einst beneideten die Frankfurter die Berliner um die riesige Lebensmittelabteilung im KaDeWe mit ihren exotischen Angeboten. Inzwischen ist all das auch am Main zu haben – egal was es sein soll, im Untergeschoss wird man garantiert fündig. Gut sortierte Weinabteilung.

Kleinmarkthalle ➠ aC5/6
Hasengasse 5–7, Innenstadt
S1–6/8/9, U1–3/6–8: Hauptwache
www.kleinmarkthalle.com
Mo–Fr 8–18, Sa 8–16, vor Weihnachten bis 18 Uhr
Wäre die einstige »Gemieskersch« (sprich: Gemüsekirche) nicht im Krieg in Schutt und Asche gelegt wor-

Die Kleinmarkthalle – Delikatessen auf 1500 Quadratmetern

den, würde sie dieses Jahr ihren 140. Geburtstag feiern. So sind es immerhin 65 Jahre, denn die Kleinmarkthalle wurde 1954 wieder aufgebaut. Heute wird weit mehr als nur Gemüse auf den 1500 m² angeboten. Delikatessen aus aller Herren Länder, frisches Fleisch, Fisch und Geflügel, Kräuter und Gewürze – in dem Gourmettempel gibt es in über 60 Geschäften wirklich jede Zutat. Und viele nette Stände, bei denen man auch mal schnell etwas Heißes »aus der Hand« essen kann.

Michi's Schokoatelier ➡ E11
Sandweg 60, Ostend, U4: Merianplatz
✆ (069) 40 89 80 66
www.michis-schokoatelier.de
Di–Fr 11–18, Sa 10–15 Uhr, ab 28 °C geschl.
Nach Jahren in einer Bonbonfabrik erfüllte sich Konditormeister Michi Kitz seinen Traum und zaubert nun in seinem winzigen Laden unweit vom Zoo magische Schoko-Kreationen. Erfinder der Frankfurter Sandwegkugel.

Buchhandlungen

Autorenbuchhandlung Marx & Co. ➡ D7
Grüneburgweg 76, Westend

*Handgemachte Pralinés
in Michi's Schokoatelier*

Buchmesse in der Wort-Welthauptstadt

Jedes Jahr im Oktober gibt es in Frankfurt fünf Tage lang nur ein Thema: Buchmesse. Die weltgrößte Leitmesse zum Thema Buch, Literatur und gedruckte Neuheiten jeder Art – von Comic bis Lyrik – wurde 1949 vom Börsenverein des Deutschen Buchhandels in Frankfurt gegründet. Seit 1988 hat die Buchmesse ein sogenanntes Gastland, seit 1993 sind auch die elektronischen Medien vertreten. Begleitend finden in der ganzen Stadt Lesungen und Rahmenprogramme statt.

U1–3/8: Grüneburgweg
℃ (069) 72 29 72
www.autorenbuchhandlung-marx.de
Mo–Fr 9–19, Sa 9–15, im Advent Sa bis 18 Uhr
Da die Geisteswissenschaftler 2001 vom Campus Bockenheim auf den Campus Westend wechselten, eröffneten die Karl-Marx-Buchhandlung und die Autorenbuchhandlung in unmittelbarer Nähe eine gemeinsame Filiale. Studenten der Fachbereiche Ethnologie, Geschichte, Philosophie, Soziologie und Religion können in einer großen Auswahl einschlägiger Literatur blättern. Auf unzähligen Regalmetern findet sich auch jede Menge Belletristik.

Hugendubel ➡ aC4
Steinweg 12, Innenstadt
S1–6/8/9, U1–3/6–8: Hauptwache
℃ (069) 80 88 11 88
www.hugendubel.de
Tägl. außer So 10–19 Uhr
Buchliebhabern der alten Schule ist dieses gigantische Kaufhaus ein Dorn im Auge, andere lieben es gerade wegen seiner Größe. Übersichtlich gegliederte Abteilungen, gut sortierte Themenregale, gemütliche Sitzecken, viele Info-Stände, ein Lesecafé und fachkundiges Personal machen das Vergnügen komplett.

Karl Marx Buchhandlung ➡ E4
Jordanstr. 11, Bockenheim
U4/6/7: Bockenheimer Warte
℃ (069) 77 88 07
www.karl-marx-buchhandlung.de
Mo–Fr 10–18.30, Sa 10–14 Uhr
Zu den Gründervätern der Bockenheimer Buchhandlung gehören prominente Persönlichkeiten wie Daniel

Cohn-Bendit, Joschka Fischer und Tom Königs. Ähnlich wie viele ehemalige Frankfurter Spontis ist auch die linksradikale Bewegungsbuchhandlung inzwischen fest in der Mainmetropole etabliert. Neben der Belletristik und einem anspruchsvollen literarischen Programm liegt der Schwerpunkt des Sortiments vor allem auf pädagogischen und sozialwissenschaftlichen Werken.

Kinderbuchhandlung Eselsohr ➡ D4
Am Weingarten 11, Bockenheim
U6/7: Leipziger Straße
℡ (069) 70 68 11
www.eselsohr-buchhandlung.de
Mo–Fr 10–18.30, Sa 10–15 Uhr
Von den Kinder- und Jugendbuchverlagen wurde die Buchhandlung in Bockenheim bereits zwei Mal zur »besten Kinder- und Jugendbuchhandlung Hessens« gekürt. Zum dauerhaften Engagement der fachkundigen Mitarbeiter gehören auch Lesungen, literarische Workshops und Zeichenstunden.

Die Wendeltreppe ➡ aF6
Brückenstr. 34, Sachsenhausen
Bus 36: Elisabethenstraße
℡ (069) 61 13 41
www.die-wendeltreppe.de
Mo–Fr 10–19, Sa 10–16 Uhr
Hier findet auch die Mimi ihren Krimi, denn die Buchhandlung mit Antiquariat hat sich auf Kriminalfälle in der Literatur spezialisiert. Die namensgebende schwarze Wendeltreppe ist aus Eisen und führt ins Nichts. Jeden ersten Donnerstagabend im Monat werden bei einem Glas Wein Neuerscheinungen vorgestellt.

Geschenke

Höchster Porzellanmanufaktur ➡ bC4
Palleskestr. 32, Höchst
Tram 11: Zuckschwerdtstraße
℡ (069) 300 90 20
www.hoechster-porzellan.de
Tägl. außer So 11–19 Uhr

Im 1906 erbauten Porzellanhof bietet die zweitälteste Porzellanmanufaktur von der edlen Latte-Macchiato-Tasse bis zum Porzellanhäschen all die feinen Produkte aus Kaolin, Feldspat und Quarz.

Schneiden

Frisöre ➡ E11
Königswarterstr. 2, Ostend
U6/7, Tram 14: Zoo
✆ (069) 49 23 74
www.frisöre-ffm.de
Di–Fr 10–20, Sa 10–15 Uhr
Der Laden sieht aus wie ein Mix aus Kunstgalerie und karibischer Szenekneipe, die Kunden kommen von überall. Oliver Moch und sein Team haben Kultstatus, seine magischen Finger kennen für jede/n den perfekten Schnitt. Originelles Publikum von Szene bis Banker. Schneiden ab € 40. ■

Frankfurter Kranz auf Höchster Porzellan

Mit Kindern in der Stadt
Museen, Theater, Drinnen, Draußen

Frankfurt ist nicht kinderfreundlicher als andere deutsche Großstädte, aber es bietet auf kleinem Raum neben jenen Attraktionen, die speziell auf die jüngsten Besucher zugeschnitten sind, wie das **Struwwelpeter-Museum** oder die **Experiminta**, auch Orte der Alltagskultur, die – gemeinsam mit Kindern erlebt – besonders vergnüglich sind. Bestes Beispiel dafür ist der Frankfurter Bauch, die ✿ **Kleinmarkthalle** ➡ aC5/6 (Hasengase 5–7). Der unscheinbare Zweckbau ist wohl daran schuld, dass sich kaum Touristen dorthin verirren, doch die karge Optik verbirgt ein multikulturelles Schlaraffenland – von orientalischen Süßwarenständen und Gewürzlandschaften über Fischbassins voller Karpfen und Forellen bis zum glotzenden Hammelkopf beim türkischen Metzger. Beim Bummeln kann man sich nebenbei bestens verpflegen.

Satourday heißt der letzte Samstag des Monats in vielen Frankfurter Museen, der Eintritt ist frei und für die Kids gibt es Mitmachaktionen, spannende Führungen und Bastelnachmittage. Die teilnehmenden Museen sind im Faltblatt *Satourday* aufgelistet, das es bei der Tourist Information am Römer oder zum Download auf www.kultur-frankfurt.de gibt.

Kugelbahn im Experiminta

LUCAS – Internationales Festival für junge Filmfans

Museen

DFF – Deutsches Filminstitut & Filmmuseum ➡ aF4
Vgl. S. 106
Einzigartige Dauerausstellung zur Filmgeschichte, Kino im Museum.
   Das **Internationale Kinderfilmfestival LUCAS** zeigt neue Kinderfilme, im Begleitprogramm oft Klassiker (Eintritt € 3, www.lucasfilmfestival.de oder ✆ 069-961 22 00).

Eintracht Frankfurt Museum ➡ bC4
Haupttribüne der Commerzbank Arena (Waldstadion)
Mörfelder Landstraße 362, Frankfurt Niederrad
S7–9: Stadion
✆ (069) 95 50 32 75
www.eintracht-frankfurt-museum.de
Tägl. außer Mo 10–18 Uhr, an Heimspieltagen erst ab Stadionöffnung und nur für Stadionbesucher
Eintritt € 5/3,50
Fußballfans jedes Alters können spannende Sportreportagen hören, wichtige Spiele im Film sehen und die Geschichte der Eintracht studieren, die als Vereinsmannschaft der Adlerwerke mit vielen jüdischen Mitgliedern begann.

Experiminta ➡ F4
Hamburger Allee 22–24, Bockenheim
S3–6: Messe, U4/6/7: Bockenheimer Warte, Tram 16/17: Varrentrappstraße
✆ (069) 71 37 96 90, www.experiminta.de
Fr–So/Fei 10–18 Uhr, in den Ferien öfter
Eintritt € 11/7, unter 4 J. frei

Interaktive Werkstatt-Ausstellung »Werkstoff*Stoff*Textil« im Jungen Museum

Mitmachmuseum für Jung und Alt – Wissenschaftszentrum mit 120 interaktiven Versuchsstationen; man wird nicht belehrt, sondern entdeckt selbst, ein Riesenvergnügen für Opa und Enkelin.

Junges Museum des Historischen Museums ➡ aD/aE5
Saalhof 1, Innenstadt
U4/5: Dom/Römer, Tram 11/12: Römer/Paulskirche
℗ (069) 21 23 51 54
https://junges-museum-frankfurt.de
Di–Fr 10–18, Sa/So 11–19 Uhr, Eintritt € 8/4
Das älteste Kindermuseum Deutschlands ist 2018 als Junges Museum wieder in den Saalhof zurückgekehrt, wo es 1972 eröffnet wurde. Zahlreiche Exponate des Historischen Museums laden zum Staunen ein, zudem gibt es Mitmachangebote und Veranstaltungen. Im historischen Klassenzimmer warten Rohrstock und Spucknapf, im Spielzimmer können alte Gesellschaftsspiele ausprobiert werden.

Literaturhaus ➡ aE8
Vgl. S. 127 f.
Sonntags lesen hier Kinderbuchautoren vor ihrem jungen Publikum.

Senckenberg Naturmuseum ➡ E4
Vgl. S. 118 ff.
Die riesige Sammlung zu allen naturkundlichen Themen ist für Kinder wohl das attraktivste Museum der Stadt, speziell die Dinosaurierabteilung begeistert die

jährlich 600 000 Gäste. Ein Hit bei Kindern und Jugendlichen ist die Taschenlampenführung »Nachts im Senckenberg Museum« (Anmeldung unter bildung@senckenberg.de, Teilnahme € 15, Erwachsene dürfen auch mitkommen). Alle Veranstaltungen und Kinderführungen (ab 3 J.) stehen auf der Website.

Städel Museum → aG3
Vgl. S. 111
Frankfurts erste Gemäldegalerie bietet jeden dritten Sonntag im Monat eine Familienführung und jeden zweiten und vierten Sonntag von 11 bis 13 Uhr ein Programm für Kinder ab 4 Jahren mit dem Titel »Kinderstunde XS«; für beide Veranstaltungen ist keine Anmeldung nötig, die Teilnahme ist im Museumsticket inklusive.

Struwwelpeter-Museum → aD6
Hinter dem Lämmchen 2–4
Innenstadt, U4/5: Dom/Römer
℡ (069) 94 94 76 74 00, www.struwwelpeter-museum.de
Tägl. außer Mo 10–17 Uhr
Eintritt € 7/3,50, bis 6 J. frei
Das Museum hat 2019 an der neuen Location im Dom-Römer-Quartier neu eröffnet. Hier werden vom Paulinchen bis zum Fliegenden Robert all jene Figuren lebendig, die der Frankfurter Arzt Heinrich Hoffmann im Jahr 1844 als Weihnachtsgeschenk für seinen dreijährigen Sohn Carl erfand. Fast alles ist zum Anfassen

Im Foyer des Struwwelpeter-Museums und
»Der Struwwelpeter« selbst
(Version ab 1858, rechts)

und Spielen. Masken, Perücken und Schminkstifte verlocken dazu, sich in die Struwwelpeter-Figuren zu verwandeln (ab 4 J.).

Theater

Gallus-Theater ➡ J3
Vgl. S. 170
Samstags und sonntags werden um 15 Uhr Stücke für Kinder von drei bis zehn Jahren gezeigt.

Kinder- und Jugendtheater im Titus Forum ➡ bB4
Walter-Möller-Platz 2, Niederursel
U1: Nordwestzentrum
✆ (061 01) 55 74 24, www.kiju-theater.de
An vier Tagen pro Woche werden Klassiker der populären Kinderliteratur auf die Bühne gebracht. Zugang zum Bürgerhaus über die obere Ebene des Einkaufszentrums NordWestZentrum.

Aufführung des Zauberlehrling nach dem Gedicht von Johann Wolfgang von Goethe im Kinder- und Jugendtheater

Neues Theater Höchst ➡ bC4
Vgl. S. 174
Hier gastieren Figurentheater, Kabarett und Kino, außerdem lockt zweimal im Jahr für jeweils drei Wochen ein erstklassiges und trotzdem kindertaugliches Varieté am Nachmittag.

Theaterhaus ➡ aD7
Schützenstr. 12, im Hinterhaus, Innenstadt
Tram 14: Hospital zum Heiligen Geist
℃ (069) 299 86 10
www.theaterhaus-frankfurt.de
Anspruchsvolle, witzige, nachdenkliche Theaterstücke sowohl für die Allerkleinsten als auch für die schon fast Erwachsenen.

Mit Kindern drinnen

Eissporthalle ➡ C14
Am Bornheimer Hang 4, Bornheim
U7, Tram 12: Eissporthalle/Festplatz
℃ (069) 21 23 93 08, www.eissporthalle-ffm.de
Nov.–März tägl. 9–22.30 Uhr, Eintritt € 7/5, bis 6 J. frei
Vier Eisflächen mit zusammen 9000 Quadratmetern bieten Platz für ein störungsfreies Miteinander von jugendlichen Rasern und wackeligen Anfängern.

Panoramabad ➡ B13
Inheidener Str. 60, Bornheim
U7: Eissporthalle, Tram 14: Ernst-May-Platz, Bus 38: Panoramabad
℃ (069) 27 10 89 13 00
www.frankfurter-baeder.de
Mo 6.30–20, Mi 6.30–19, Do/Fr 6.30–22, Sa/So/Fei 8–22 Uhr, Eintritt ab € 5,50/3,80, bis 14 J. frei
Sauna vgl. S. 203
Mit Planschbecken und Riesenrutsche (13–15 Uhr geschl.) ins Außenbecken hat das Panoramabad das richtige Angebot für Familien mit kleinen und größeren Kindern.

Rebstockbad ➡ westl. G1
Zum Rebstockbad 7, Rebstock
Tram 17, Bus 34/50: Rebstockbad

Der junge Löwe fühlt sich im Außenbereich des Zoos sichtlich wohl

✆ (069) 27 10 89 11 00, www.frankfurter-baeder.de
Mo 14–22, Di–Fr 6.30–22, Sa 9–22, So/Fei 9–20 Uhr
Eintritt ab € 5,50/3,80, bis 14 J. frei
Frankfurts größtes und beliebtestes Erlebnisbad: Die Black-Hole-Rutschbahn und das Wellenbrandungsbad sind die Renner.

Weitere Bäder vgl. S. 206 f.

Mit Kindern draußen

Freilichtmuseum Hessenpark ➡ nördl. bA4
Laubweg 5, 61267 Neu-Anspach
Taunusbahn R15: Wehrheim, dann Bus 63: Hessenpark, an Wochenenden fährt der Kulturbus 5 von Bad Homburg direkt zum Hessenpark
✆ (060 81) 588-0, www.hessenpark.de
Tägl. Nov.–Feb. 10–17, März–Okt. 10–18 Uhr, Häuser im Winter nur bei geeigneter Witterung offen
Eintritt € 9/4,50, bis 5 J. frei, Familienkarte (2 Erw., 4 Kinder) € 18
Im idyllischen Dorf aus denkmalgeschützten Häusern können Kinder den ländlichen Alltag von vor hundert Jahren erleben. Außer scharrenden Hühnern, schnatternden Gänsen und einer Schafherde gibt es in den Scheunen, Mühlen und Werkstätten des Freilichtmuse-

ums auch altes Handwerk zu sehen: Steinofen-Bäcker, Köhler und Tuchfärber sind hier bei der Arbeit. Das alte Schulhaus fehlt ebenso wenig wie die Kirche und der dampfende Misthaufen.

Zoo Frankfurt ➡ E/F11/12
Bernhard-Grzimek-Allee 1, Ostend
U6/7: Zoo
✆ (069) 21 23 37 35
www.zoo-frankfurt.de
Tägl. ab 9, im Sommer bis 19, im Winter bis 17 Uhr
Eintritt € 12/6, bis 5 J. frei, Familienkarte € 29 (2 Erw., max. 4 Kinder)
Im Frankfurter Zoo leben rund 5000 Tiere; als absolute Kinderhits gelten die Seelöwen (Fütterungszeit online).

Ein Tipp für jedes Wetter ist das Exotarium, wo Pinguine auf künstlichem Eis leben, sich in unzähligen Aquarien Hummer und Kraken räkeln und urzeitliche Fische ihre Kreise ziehen. Im Obergeschoss gibt es Wüstenlandschaften mit Schlangen, Spinnen, Echsen und Schildkröten. In kleinen Urwaldtümpeln hinter Glas hausen Krokodile, und zweimal am Tag (11.30 und 15.30 Uhr) geht dort ein Minigewitter nieder.

Im Hessenpark kann man das Leben von anno dazumal entdecken

Draußen und kostenlos:

Heinrich-Kraft-Park ➡ bB5/6
Kilianstädter Straße
Fechenheim
Tram 11: Mainkur
Hier wird auf acht Hektar gegrillt, gerutscht, gebuddelt und geschaukelt. Zur normalen Phonstärke eines Abenteuerspielplatzes kommt hier noch jene Musik dazu, die erklingt, wenn die Kinder auf die im Boden versenkte Klanginstallation springen (funktioniert erst ab 15 kg Lebendgewicht).

Ich-Denkmal ➡ bC5
Deutschherrnufer 105
Oberrad
Tram 15/16: Buchrainstraße
Wer am Main entlang Richtung Offenbach radelt, kann in der Mainuferanlage zwischen Rudererdorf und der Gerbermühle das bundesweit erste Ich-Denkmal be-

Im Außenbereich des Ponton Lilu Cafés kann man mit regionale Snacks seinen Hunger stillen

steigen, das der Frankfurter Zeichner und Cartoonist Hans Traxler 2005 entwarf (»Jeder Mensch ist einzigartig«). Weitere Exemplare stehen inzwischen auch in Kassel und Bielefeld.

In der nahen Gerbermühle, die durch Goethes zahlreiche Besuche in die Literaturgeschichte eingegangen ist, sitzt man romantisch im Sommergarten – mit Blick auf die Frankfurter Skyline.

Licht- und Luftbad ➡ bC4/5
Niederräder Ufer 12
Niederrad
Tram 12/15/19/21: Heinrich-Hoffmann-Straße
✆ (069) 67 73 36 53
www.lilu-frankfurt.de
Tägl. 9 Uhr bis Sonnenuntergang
Zum Entspannen ideal ist das LiLu genannte Licht- und Luftbad auf einer Halbinsel im Main, auf der man picknicken oder im Liegestuhl träumen kann, während die Kinder über die Felsen am Ufer klettern. Ein Erholungsraum ohne Kommerz und Beachkultur.

Naturschule Hessen ➡ bB5
Am Burghof 55
Bonames
U2: Kalbach
✆ (069) 55 68 99 72
www.naturschule-hessen.de
Auf einem ehemaligen Hubschrauberlandeplatz ist in den letzten Jahren ein Biotop mit Feuerwehrmuseum und Café (im ehemaligen Tower) entstanden. Hier kann man auf der alten Flugzeuglandebahn mit Inlineskates fahren oder Drachen steigen lassen. Außerdem werden hier spannende Aktivitäten für Kinder von 4 bis 14 Jahren angeboten, so die Beobachtung von Kaulquappen oder eine Floßfahrt auf der Nidda.

Schwanheimer Waldspielpark ➡ bC4
Stöppelschneise
Schwanheim
Tram 12: Rheinlandstraße
Hier können die Kinder zum Motto »Ein Land vor unserer Zeit« zwischen Vulkanen und Dinosauriern aus Holz und Stahl täglich Jurassic Park neu erfinden. ■

*Rosengarten im
Botanischen Garten*

Erholung und Sport
Oasen in der Stadt, Wellness, Sport

Frankfurt ist grün. Ein Drittel der Stadtfläche entfallen auf Parks, Wälder und Wiesen: Der Grüngürtel rund um Frankfurt wurde bereits 1996 von den Vereinten Nationen als positives Beispiel für nachhaltige Stadtentwicklung ausgezeichnet. Aber auch mitten in der Stadt wird es bunt, und wo früher der Blick an Betonwüsten abprallte, entstanden lauschige Orte, und das nicht erst seit *Guerilla Gardener* jede Verkehrsinsel zum Blühen bringen. Parkhausdecks und Hafenmolen werden zu Beachclubs mit Sandstrand und Cocktailbar, verwaiste Kais werden zu mediterranen Plätzen mit flanierenden Pärchen und Familien mit Picknickkörben.

Aber auch die Sportler kommen auf ihre Kosten. Ob auf Inlinern quer durch die Nacht, per pedes durch den Grüngürtel, Kopf vor vom Zehnmeterturm oder auf Kufen übers Eis – fast jede Sportart hat in Frankfurt ihre Fans. Nach dem Sport (oder anstelle) können gestresste Stadtbewohner in Saunen und Wellnessoasen relaxen. Von Ayurveda-Massagen bis Schokobad: Das Verwöhnprogramm ist riesig.

Oasen in der Stadt

Botanischer Garten ➡ C5
Siesmayerstr. 72, Westend
Bus 36: Palmengarten
☎ (069) 21 23 90 58
www.botanischergarten-frankfurt.de
März–Nov. Mo–Sa 9–18, So/Fei 9–13 Uhr
Eigentlich diente er ursprünglich nur der Unterstützung von Lehre und Forschung im Fachbereich Biowissenschaften, tatsächlich ist er aber auch ein lohnendes Ausflugsziel: 5000 Freilandpflanzen können in stimmungsvoller Naturlandschaft bewundert werden.

Grüneburgpark ➡ C/D5–7
August-Siebert-Str., Westend
Bus 36: Simon-Bolivar-Anlage
Frankfurts großer Volkspark; auf 29 ha wird hier Frisbee gespielt, gejoggt, gechillt, mit extra eingezäunter Hundewiese. Im Norden des Parks der Koreanische Garten, ein Gastgeschenk Koreas zur Buchmesse 2005. Nachts keine Beleuchtung.

Günthersburgpark ➡ B/C11/12
Hartmann-Ibach-Straße, Nordend
Tram 12: Günthersburgpark
Beliebter Park für alle im Norden von Frankfurt. Spielpark mit Wasserspielen im Sommer, Hundeverbot, nachts beleuchtet.

Der Grüneburgpark bietet viel Platz zur Entspannung

Hauptfriedhof ➡ A/B9/10
Eckenheimer Landstr. 194, Nordend
U5: Hauptfriedhof
www.frankfurter-hauptfriedhof.de
Mo–Sa ab 7, April, Sept. bis 20, Mai–Aug. bis 21, März,
Okt. bis 18, Nov.–Feb. bis 17, So/Fei jeweils ab 9 Uhr
Der 70 ha große Hauptfriedhof ist auch ein großer,
wunderschöner, ruhiger Park mit altem Baumbestand
und klassizistischen Marmorskulpturen.

Holzhausenpark ➡ C8
Justinianstraße, Nordend
U1–3/8: Holzhausenstraße
Klein, aber fein: der Park rund ums Holzhausenschlöss-
chen. Großer Kinderspielplatz, Hundeverbot, nachts
beleuchtet.

Kapuzinerkloster Liebfrauen ➡ aC5
Schärfengäßchen 3, Innenstadt
S1–6/8/9, U1–3/6–8: Hauptwache
www.liebfrauen.net
Wer nur ein paar Minuten übrig hat und mitten in der
Stadt der Hektik entfliehen will, ist hier richtig. Der
lauschige Innenhof des Kapuzinerklosters ist für jeder-
mann und ganzjährig geöffnet, Handys sind tabu, laut
sprechen ebenfalls.

*Das Mausoleum Reichen-
bach-Lessonitz auf dem
Hauptfriedhof*

*Naturschutzgebiet
Schwanheimer Düne*

🔟 Palmengarten ➡ C/D5
Siesmayerstr. 61, Westend
U6/7: Westend, Bus 36: Palmengarten
✆ (069) 21 23 39 39
www.palmengarten.de
Tägl. Nov.–Jan. 9–16, Feb.–Okt. 9–18 Uhr
Eintritt € 7/2 (bis 13 J.)
Tropicarium, Altes Schauhaus und Palmenhaus sind
Anziehungspunkte für Alt und Jung, Frankfurter und
Touristen. Die Kamelien- und Orchideen-Ausstellun-
gen haben ihr treues Publikum, das Lichterfest im Juni
mit Tausenden Teelichtern ist Kult bei den Youngsters.
»Jazz im Palmengarten«, rund zehn hochkarätige Kon-
zerte jeden Sommer, machen Frankfurt kurzzeitig zur
Hauptstadt des Jazz.

❀ Schwanheimer Düne ➡ bC4
Tram 11: Bolongaropalast, dann 10 Minuten Fußweg
zum Main, mit der Fähre nach Schwanheim wechseln
(70 Cent) und noch mal 10 Minuten Fußweg, dem Grün-
gürtelzeichen folgen
Eine der seltenen Binnendünen entstand hier nach der
letzten Eiszeit aus vom Main verwehtem Sand. Silber-
gras und Kiefern lassen an ferne Meeresküsten denken.
Ein Holzsteg führt durch das Naturschutzgebiet.

Pause an der Alten Schiffsmeldestelle

Strandclub:

Alte Schiffsmeldestelle Höchst ➡ bC4
Höhe Süwag, Mainufer Höchst
S1/2: Höchst
☎ (069) 30 08 84 44
www.schiffsmeldestelle.de
Mo–Fr 16–22, Sa/So/Fei 12–22 Uhr
Kein aufgeschütteter Sandstrand, nur ein paar Tische und Stühle in der Nähe des alten Krans, dafür herrlich authentische Atmosphäre.

Wellness

Sauna, Spa und Hamam:

Emotion Spa ➡ aB6
Hotel Westin Grand
Konrad-Adenauer-Str. 7, Innenstadt
S1–6/8/9, U4–7: Konstablerwache
☎ (069) 29 81 97 92
www.emotionspa.de
Mo–Fr 7–22, Sa/So/Fei 8–20 Uhr

Wellnessbereich im sechsten Stock mit Biosauna und Schwimmbad mit Aussicht, Day-Spa-Angebote.

Panoramabad ➡ B13
Inheidener Str. 60, Bornheim
U4: Seckbacher Landstraße, Tram 14: Ernst-May-Platz,
Bus 38: Panoramabad
☎ (069) 27 10 89 13 00
www.frankfurter-baeder.de
Mo, Mi–Fr 10–22, Sa/So/Fei 9–22 Uhr
Blockhaussauna, Dampfbad etc.

Rebstockbad ➡ westl. G1
Zum Rebstockbad 7, Rebstock
Tram 17, Bus 34/50: Rebstockbad
☎ (069) 27 10 89 11 00
www.frankfurter-baeder.de
Drachendampfbad, Aufgusssauna Tokyo, Samurai, Shogun, Mongolei-Sauna mit stündlichem Aufguss, Dschingis-Khan-Sauna in Form einer Jurte, Schneekammer.

Green Mama Bio Spa ➡ B13
Berger Str. 275, Bornheim
U4: Bornheim Mitte
☎ (069) 54 72 32

Entspannen am Licht- und Luftbad

www.green-mama.de
Ayurveda-Massagen, Maniküre, Pediküre, Stilberatung,
Gesichtsbehandlung, alles mit reiner Naturkosmetik.

Hamam & Spa ➡ aC6/7
Zeil 51, Innenstadt
S1–6/8/9, U4–7: Konstablerwache
✆ (069) 29 92 46 69
www.hamamfrankfurt.de
Ayurveda-Massagen, Thai-Massagen, Hotstone und
Hamam.

Sabai Thai Spa ➡ D8
Fichardstr. 35, Nordend
U1–3/8: Grüneburgweg
✆ (069) 59 79 78 00
www.sabai-thai-spa.de
Thai-Massage mit Stretching und Akupressur, Perma-
nent Make-up.

Villa Westfalia ➡ aC3
Goethestr. 29/Luginsland, Innenstadt
S1–6/8/9, U1–3/6–8: Hauptwache
✆ (069) 92 88 26 50
www.villawestfalia.de
Mo, Mi, Fr 10–19, Di, Do 10–21, Sa 10–16 Uhr
Fruchtsäurepeeling, Anti-Aging, Natural Face-up, Meso-
therapie.

Sport

Bowlen, Golfen, Klettern, Skaten, Skifahren, Squash:

Bowling World ➡ bB5
Berkersheimer Weg 104, Eschersheim
Bus 63/66: Rotdornweg
✆ (069) 52 22 07
https://frankfurt.bowlingworld.de
Mo–Do 16–22, Fr–So 11–23 Uhr
32 Bowlingbahnen, Billardtische, Spielautomaten,
Sportsbar.

Golf Club Range Frankfurt ➡ bA5
Am Martinszehnten 6, Kalbach

400-Meter-Außenring der Eissporthalle Frankfurt

U2: Kalbach, Bus 29: Sportzentrum Kalbach
℡ (069) 95 09 27 44
www.golfrange-ffm.de
9-Loch-Anlage in der Nähe des Frischezentrums, 55 Abschlagplätze, Mitgliedschaft ab € 90 im Monat.

T-Hall ➡ östl. D16, bB5
Vilbeler Landstr. 7, Fechenheim
RB 33, RB 64, Tram 11: Mainkur
℡ (069) 94 21 93 81
www.t-hall.de/ffm
Mo–Fr 11–23, Sa/So 10–22 Uhr, Eintritt ab € 6,50
Eine der ersten Kletterhallen Deutschlands – seit der Eröffnung Mitte der 1990er Jahre wurde immer wieder erweitert und modernisiert. Heute können hier auf 900 m² rund 300 Routen erklettert werden.

Tuesday Night Skating ➡ aF8
Treffpunkt Hafenpark Mayfarthstraße, Ostend
Tram 11: Haltestelle Ostbahnhof/Honsellstraße
www.t-n-s.de
März–Okt. Di 20.30 Uhr
Das schnellste und längste Nightskating Europas, ca. 30 km, nichts für Anfänger!

Eissporthalle
Vgl. S. 193.

Intersport Taunus ➜ bA4
Kumeliusstrasse 2–4, Oberursel
U3: Oberursel Stadtmitte
✆ (061 71) 636 30
Tägl. außer So 10–19 Uhr
Skiverleih.

Wintersport ist bei geeigneter Schneelage problemlos möglich. 17 Loipen und einige Abfahrten warten im nahen Taunus. U3: Hohemark, von dort aus Pendelbusse, Schneetelefon ✆ (060 81) 44 21 38.

Squash-Insel ➜ D1
Rossittener Str. 17, Bockenheim
U6/7: Industriehof, Fischstein
✆ (069) 77 22 22
www.squash-insel.com
Seit 2003 betreibt der ehemalige Weltranglistenspieler Stuart Sinclair die Squash-Insel im Westen der Stadt.

Schwimmen (vgl. auch S. 193 f.):

Freibad Brentano ➜ bB4
Rödelheimer Parkweg, Rödelheim
U6: Fischstein
✆ (069) 27 10 89 22 00
www.frankfurter-baeder.de
Eintritt € 5/3,30, bis 14 J. frei
Großes Freibad im Westen der Stadt, schöner alter Baumbestand.

Freibad Eschersheim ➜ bB5
Alexander-Riese-Weg
Heddernheim
S6: Eschersheim, U1–3/8: Heddernheim
✆ (069) 27 10 89 23 00
www.frankfurter-baeder.de
Eintritt € 5/3,30, bis 14 J. frei
2010 saniert sorgt die breiteste Rutsche Europas immer noch für höchstes Vergnügen nicht nur der kleinen Kinder. Riesenfläche für Sport und Spiel.

Freibad Stadion ➜ bC4/5
Mörfelder Landstr. 362, Stadtwald

Tram 21: Stadion
☎ (069) 27 10 89 18 00
www.frankfurter-baeder.de
Eintritt € 5/3,30, bis 14 J. frei
Sportbecken und ein 10-m-Turm, Wasserfall, Wasser-
kanone und eine spiralförmige, 118 m lange Rutsche
machen dieses Freibad zum bevorzugten Ziel von allen,
die mehr wollen als schwimmen.

Titus Thermen ➡ bB4
Walter-Möller-Platz 2, Niederursel
U1/9: Nordwestzentrum
☎ (069) 27 10 89 12 34
www.titusthermen.de
Tägl. 12–20 Uhr
Eintritt ab € 5,50/3,80 (für 1,5 Std.)
Großzügiges Hallenbad und beliebtes Ausflugsziel für
Familien. Erlebnisbecken mit Strömungskanal, Grotten,
Wasserfälle, Felsenlandschaft und Panoramaschiff. ◼

*Die Titus Thermen punkten
mit einem großen Hallenbad
und Fitnesscenter*

Daten zur Stadtgeschichte

Seit der Mittleren Bronzezeit ist der heutige Domhügel ständig besiedelt.

80 n. Chr. Die Römer erobern das Taunusvorland, ein kleines Kastell auf dem Domhügel sichert die Furt über den Main.

260 Die germanischen Alemannen überrennen den Limes und besiedeln das Untermaingebiet.

500 Die Franken erobern das Rhein-Main-Gebiet, auf dem Domhügel entsteht ein fränkischer Königshof.

794 Frankfurt (Frankonofurd) wird anlässlich einer Reichsversammlung Karls des Großen (»Frankfuerter Synode«) erstmals urkundlich erwähnt.

852 Ludwig der Deutsche lässt die Kirche St. Salvator bauen, Vorgängerin des späteren Doms.

887 Erste Königswahl in Frankfurt, Arnulf von Kärnten wird ostfränkischer König.

1150 Die Frankfurter (Herbst-) Messe wird urkundlich erwähnt. Die Stadt erweitert sich über den Domhügel hinaus und wird zur Kaufmanns- und Handwerkerstadt. Am Mainufer entsteht der Saalhof als neue Königsburg.

1152 Mit der Wahl des Staufers Friedrich I. Barbarossa setzt sich Frankfurt am Main als Stätte der deutschen Königswahl durch. Die aufstrebende Pfalzsiedlung entwickelt sich (ohne Stadtrechtsprivileg) unter den Staufern zur Stadt (Reichsstadt).

1220 Die Stadt wird mit der Staufenmauer umgeben, Reste davon sind in der Straße An der Staufenmauer zu sehen.

1222 Urkundliche Erwähnung einer Holzbrücke über den Main.

1238 Neubau des Doms an der Stelle der Salvatorkirche.

1311 Entstehung der kommunalen Selbstverwaltung.

1330 Unter König Ludwig dem Bayern bekommt die Stadt eine zweite Messe, die Ostermesse.

Friedrich I. Barbarossa als Kreuzfahrer

Die Stadt dehnt sich aus bis zum heutigen Anlagenring.

1356 Kaiser Karl IV. erlässt die »Goldene Bulle«, in der Frankfurt zum Ort der deutschen Königswahl bestimmt wird.

1405 Der Römer wird zum Rathaus umgebaut.

1415 Baumeister Madern Gerthener errichtet den Domturm.

1462 Die Frankfurter Juden werden in ein Ghetto längs der Staufenmauer verwiesen.

1495 Kaiser Maximilian I. eröffnet in Frankfurt das Reichskammergericht (später in Speyer, dann in Wetzlar).

1533 Frankfurt schließt sich der lutherischen Reformation an.

1554 Die ersten Glaubensflüchtlinge, reformierte Niederländer und Engländer, treffen im Rheinmaingebiet ein und bilden bald ein Fünftel der Bevölkerung.

1585 Aus der Messe entwickelt sich die Frankfurter Börse.

Albrecht Dürers Porträt Kaiser Maximilians I. (1519, Wien)

Ansicht von Frankfurt am Main auf einem Kupferstich von Georg Braun und Frans Hogenberg (Köln, um 1575)

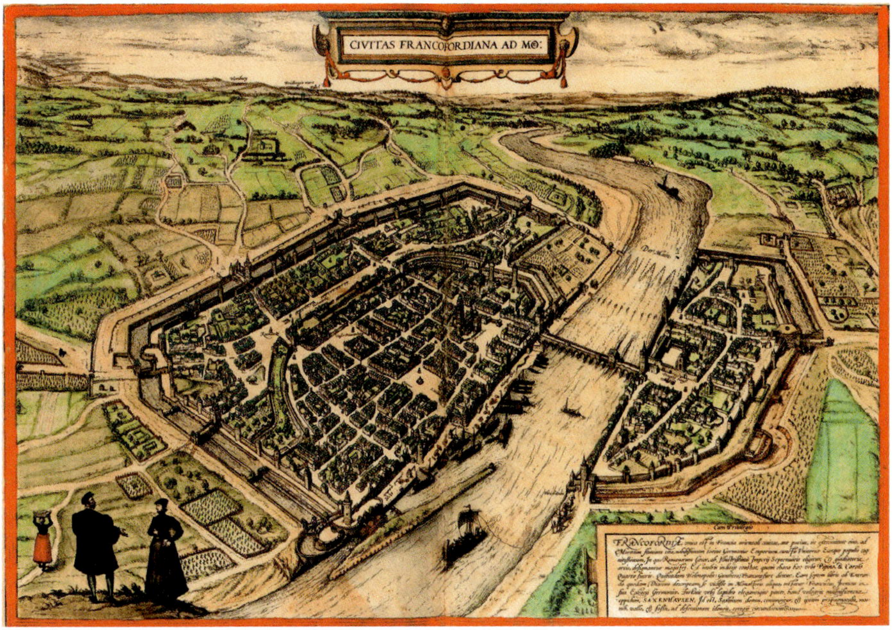

CIVITAS FRANCOFORDIANA AD MŒ:

1614	Soziale Unruhen gegen die patrizische Herrschaft. Der Anführer des Aufstandes Vinzenz Fettmilch wird auf dem Rossmarkt enthauptet (»Fettmilchaufstand«).
Ab 1627	Die mittelalterliche Stadtmauer wird durch eine bastionäre Befestigung nach niederländischem Muster verstärkt.
1631–35	Die Schweden halten Frankfurt besetzt. In der Stadt wütet die Pest.
1711	Beim großen »Judenbrand« werden im Ghetto in der Judengasse 500 Häuser zerstört.
1719	Dem großen »Christenbrand« fallen in der Altstadt 400 Häuser zum Opfer.
1749	Am 28. August wird Johann Wolfgang von Goethe als Enkel des Stadtschultheißen Textor geboren.
1759–63	Im Siebenjährigen Krieg besetzen französische Truppen (als Verbündete) Frankfurt. Auf Veranlassung des Königsleutnants Graf Thoranc werden die Häuser nummeriert, die Straßen besser gepflastert und Laternen aufgehängt.
1806	Nach dem Ende des Heiligen Römischen Reiches Deutscher Nation wird die Stadt Frankfurt auf Napoleons Geheiß dem Fürstentum Karls von Dahlberg zugeschlagen. Die Stadtbefestigungen werden abgetragen, es entsteht der Anlagenring, Vorläufer des heutigen Cityrings.

»Goethe in der Campagna« (1787), das wohl berühmteste Werk Tischbeins, der den Dichter 1786 in Italien kennenlernte und malte; zu bewundern im Städel Museum

Nationalversammlung in der Frankfurter Paulskirche 1848

1810 Frankfurt wird Großherzogtum unter Dahlberg.

1813 Die Alliierten vertreiben Dahlberg auf ihrem Vormarsch gegen Frankreich.

1815 Auf dem Wiener Kongress kann die Stadt die Restitution als Freie Stadt erreichen. Sie wird Sitz der deutschen Bundesversammlung.

1848/49 In der Frankfurter Paulskirche tagt die deutsche Nationalversammlung, das erste gesamtdeutsche Parlament. Die Grundrechte des Deutschen Volkes gehen als Grundgesetz in alle späteren Verfassungen ein.

1866 Frankfurt wird von Preußen besetzt und annektiert.

1900 In der Gründerzeit erweitert sich die Stadt um die Quartiere Bahnhofsviertel, Westend, Nordend und Ostend. Bornheim ist bereits seit 1877 eingemeindet.

1914 Gründung der Universität, die 1932 den Namen Johann Wolfgang Goethe-Universität erhält.

1924 Am Rebstock geht der Flughafen in Betrieb, er wird 1936 in den Stadtwald verlegt.

Modell der kriegszerstörten Altstadt im Historischen Museum

1944	Bei mehreren schweren Luftangriffen wird die Altstadt mit 2000 Fachwerkhäusern zerstört.
1945	Amerikanische Truppen besetzen die Stadt.
Ab 1961	Der Bau der Nordweststadt löst einen Entwicklungsschub aus mit dem Bau von Hochhäusern und einem U- und S-Bahn-System.
1963–65	In Frankfurt findet der »Auschwitz-Prozess« statt.
1981	Die Alte Oper wird wieder eröffnet.
1982	Mit der Umgestaltung der »Zeil«, der umsatzstärksten Geschäftsstraße Deutschlands, zur Fußgängerzone manifestiert sich die Urbanisierung der Innenstadt.
1984	Der Ausbau des Museumsufers beginnt.
1988	Der Baubeginn des Messeturms (257 m) setzt neue Akzente in der Stadtplanung. Der Hochhausboom trägt Frankfurt den Namen »Mainhattan« ein.
1993	Das Europäische Währungsinstitut (EWI) wird in Frankfurt gegründet.
1994	Frankfurt begeht seine 1200-Jahr-Feier. Inbetriebnahme des neuen Terminal 2 des Flughafen Frankfurt.
1996	Das neue Commerzbank-Hochhaus ist mit 259 Metern höchster Büroturm Europas.
1998	Der Sitz der Europäischen Zentralbank (EZB), die an die Stelle des Europäischen Währungsinstitutes tritt, wird nach Frankfurt gegeben, Neubau im Ostend geplant.

1999   Feiern zum 250. Geburtstag Goethes in seiner Heimatstadt.

2008   Das Museum für Komische Kunst »caricatura« wird eröffnet.

2009   Eröffnung von MyZeil, dem riesigen Shoppingcenter im komplett neu entstandenen Palais-Quartier.

2012   Machtwechsel in Frankfurt: Peter Feldmann (SPD) löst Petra Roth (CDU) nach 17 Jahren als Oberbürgermeister ab.

2015   Der Neubau der Europäischen Zentralbank auf dem Gelände der ehemaligen Großmarkthalle wird eröffnet.

2014   Das neue Kongresshaus der Messe, Kap Europa, öffnet seine Türen.

2018   Das Jahrhundertprojekt DomRömer-Quartier wird im September feierlich eröffnet.

2020   Mit spektakulärem Neubau öffnet das Jüdische Museum nach fünf Jahren Umbau wieder seine Pforten und macht deutlich: Frankfurt war ein Zentrum jüdischen Lebens. ■

Neubau der Europäischen Zentralbank im Ostend der Mainmetropole

Anreise

Schon vor der Ankunft gibt es ein paar Kostproben der Frankfurter Gigantomanie. Wer aus der Luft kommt, landet auf dem zweitgrößten Passagierflughafen Europas und Deutschlands größter lokaler Arbeitsstätte (über 81 000 Beschäftigte).

Der **Flughafen Frankfurt** ➡ bC/bD4 liegt nur wenige Kilometer südwestlich des Stadtgebiets. Zusätzlich zu Terminal 1 und 2 befindet sich gerade Terminal 3 im Bau – für 2023 ist die Eröffnung geplant. Bis zu 21 Millionen Reisende sollen über das neue Terminal

Frankfurt in Zahlen und Fakten

Alter: Die erste urkundliche Erwähnung erfolgte im Jahr 794.
Fläche: 248 km²
Lage: Frankfurt liegt zu beiden Seiten des Untermains südöstlich des Taunus.
Einwohner: 752 321 (Stand 2019)
Einwohnerdichte: 2985 Einwohner/km²
Bevölkerungszusammensetzung: Der Anteil ausländischer Einwohnerinnen und Einwohner beträgt in Frankfurt 30 %.
Klima/Temperaturen: Mildes Klima mit einer Jahresmitteltemperatur von 9,7 °C.
Bildung: Insgesamt sind in Frankfurt 10 Universitäten und Fachhochschulen und 250 wissenschaftliche Bibliotheken angesiedelt, außerdem drei Max-Planck-Institute.
Wirtschaft: Frankfurt am Main ist als internationaler Finanzstandort und Börsenplatz weltweit bekannt, insgesamt haben 215 Kreditinstitute und 52 000 Unternehmen anderer Branchen hier ihren Sitz.
Tourismus: Mit über 9,8 Mio. Besuchern war 2018 das erfolgreichste Jahr seit zwanzig Jahren. Am meisten gefragt unter Besuchern waren das historische Museum und das Liebieghaus.

Abenteuer Airport

Der Flughafen Frankfurt ist einer der größten der Welt, 2018 stiegen fast 70 Millionen Menschen hier ein, aus oder um. Er lässt sich hautnah erleben, gratis auf der Besucherterrasse im Terminal 2 oder bei einer live moderierten Busrundfahrt.

Bei der 45-minütigen **Starter-Tour** (ohne Reservierung, € 7, unter 4 J. frei) kann man das Geschehen rund um die Flugzeugabfertigung beobachten und startende und landende Maschinen aus der Nähe erleben. Anders als die Starter-Tour muss die ebenfalls 45-minütige **Mini-Tour** vorher reserviert werden (€ 7). Bei der **Maxi-Tour** (90 Minuten, mit Reservierung, € 15) fährt der Bus zusätzlich zum Frachtbereich CargoCity Süd und zum Hangar des riesigen Airbus A380 der Lufthansa sowie zur Baustelle des Terminals 3. Die **XXL-Tour** (2 Stunden, mit Reservierung, € 19) kombiniert alle Hits und führt zusätzlich zur Landebahn Nordwest und zum Feuerwehr-Trainingscenter. Die **Café de Luxe-Tour** (€ 16) ist eine 45-minütige Tour mit anschließendem Besuch im Restaurant Käfer's zu Kaffee, Kuchen und Blick auf das Vorfeld. Alle Touren und Termine unter: www.FRA-Tours.com. Anfahrt: S 7–9 ab Frankfurt Hauptbahnhof in 11 Minuten zum Regionalbahnhof des Flughafens (Preisstufe 4).

transportiert werden können. Die neue Nordwest-Landebahn wurde 2011 in Betrieb genommen. Der unterirdische Bahnhof (Terminal 1, Ebene 1) verbindet den Flughafen vom Regionalbahnhof aus per S-Bahn in 11 Minuten mit dem Hauptbahnhof (Fahrschein vor dem Einsteigen am Automaten ziehen, Preis richtet sich nach Tageszeit). ICEs halten im neuen Fernbahnhof (AIRail). Über die Autobahn dauert die Fahrt in die City je nach Tageszeit zwischen 15 und 50 Minuten und kostet im Taxi etwa € 25.

Einer der größten Bahnhöfe Europas: der Frankfurter Hauptbahnhof

Der **Frankfurter Hauptbahnhof** ➡ G/H6 gehört zu den größten Europas und liegt verkehrsgünstig zur Innenstadt. Taxis warten vor dem Haupteingang und nördlich davon. Vor dem Haupteingang fahren etliche Straßenbahnlinien; der Busbahnhof (auch für internationale Fahrten) liegt an der Südseite des Bahnhofs. Im Tiefgeschoss unter dem Hauptbahnhof fährt die S-Bahn im Drei-Minuten-Takt zur Hauptwache. Wer lieber bummelt, gelangt zu Fuß in einer Viertelstunde über die Kaiserstraße ins Herz der Stadt.

Wer mit dem Auto anreist, findet über das perfekt ausgebaute Autobahnnetz problemlos in die Innenstadt (Stau zu den üblichen Tagesrandzeiten und zu Messeterminen). Ein Parkleitsystem gibt an vielen großen Kreuzungen schnell Auskunft über die freien Stellplätze in Parkhäusern und Tiefgaragen der Innenstadt.

Frankfurt selbst lässt sich am besten zu Fuß entdecken. Das Stadtzentrum ist fußgängerfreundlich gestaltet, dabei vergleichsweise klein und gut überschaubar. Die diversen Stadtviertel mit eigenem Flair (wie Bockenheim, Bornheim, Nordend und Sachsenhausen) sind alle problemlos mit U- und S-Bahn zu erreichen.

Auskunft

Tourist Information Hauptbahnhof ➡ G/H6
Hauptbahnhof Empfangshalle
Alle S-Bahnen, U4/5: Hauptbahnhof
www.frankfurt-tourismus.de, info@infofrankfurt.de
Mo–Fr 8–21, Sa/So/Fei 9–18 Uhr

An Spitzentagen passieren etwa 1170 Züge den Frankfurter Hauptbahnhof

Frankfurt Airport ist eines der weltweit bedeutendsten Luftfahrtdrehkreuze

Tourist Information Römer ➡ aD5
Römerberg 27
U4/5: Dom/Römer
Mo–Fr 9.30–17.30, Sa/So/Fei 9.30–16 Uhr

Tourist Information Höchst/Tabak & Presse Krämer
Antoniterstr. 22
S1/2: Bahnhof Höchst
Mo–Fr 8–18.15, Sa 8–16 Uhr

Frankfurt Card
Die Frankfurt Card wird für einen Tag (€ 11) oder zwei Tage (€ 16) angeboten. Sie kann online oder vor Ort gekauft werden:
– www.frankfurt-tourismus.de/Informieren-Planen/Frankfurt-Card
– Tourist Informationen
– traffiQ-Verkehrsinsel an der Hauptwache
– MyZeil
– Flughafen Frankfurt: unter anderem bei den Servicepoints (Terminal 1 Halle B, Terminal 2 zwischen Halle D und E)
 Die Frankfurt Card bietet: freie Fahrt mit allen RMV-Linien (Rhein-Main-Verkehrsverbund) im Stadtgebiet inkl. Flughafen und 20 Prozent Ermäßigung auf die regulären Stadtrundfahrten. Die Alte Oper gibt 15 Prozent Nachlass auf alle Eigenveranstaltungen, die Oper Frankfurt und das Schauspiel Frankfurt geben 15 Prozent auf alle Vorstellungen. Für den Palmengarten zahlt man nur die Hälfte, für den Zoo, die Titus

Ausstellung zur Römerzeit im Archäologischen Museum Frankfurt

Thermen und den Maintower reduziert sich das Ticket um 20 Prozent.

Zudem erhält man bei folgenden Frankfurter Museen 50 Prozent Ermäßigung: Archäologisches Museum, Bibelhaus am Museumsufer, caricatura museum, Deutsches Architekturmuseum, DFF – Deutsches Filminstitut & Filmmuseum, Eintracht Frankfurt Museum, Experiminta ScienceCenter FrankfurtRheinMain, Frankfurter Kunstverein, Goethe-Haus und Goethe-Museum, Haus Giersch – Museum Regionaler Kunst, Historisches Museum, Ikonenmuseum Frankfurt, Institut für Stadtgeschichte Karmeliterkloster, Jüdisches Museum, Jugendbegegnungsstätte Anne Frank, Junges Museum, Liebieghaus, Museum Angewandte Kunst Frankfurt, Museum Judengasse, Museum für Moderne Kunst, Senckenberg Naturmuseum, Struwwelpeter-Museum und Weltkulturen Museum.

Museumsufer-Ticket

Das Museumsufer-Ticket ist eine Zwei-Tagekarte für 34 Frankfurter Museen und gilt an zwei aufeinanderfolgenden Tagen. Ist der Folgetag nach Kaufdatum ein Schließungstag, verlängert sich der Gültigkeitszeitraum um einen Tag. Für Sonderausstellungen, die teurer sind als € 5, zahlen MUF-Ticket-Inhaber den vor Ort verlangten ermäßigten Eintrittspreis.

Das Museumsufer-Ticket gibt es in drei Versionen: als Einzelticket (€ 21), als ermäßigtes Einzelticket

(€ 12) für Kinder (6–18 J.) sowie Schüler und Studenten und als Familienticket (€ 32) für 2 Erwachsene (in einer Partnerschaft) und Kinder/Enkelkinder (unter 18 J.).

Das Ticket ist erhältlich in den 34 Museen und Ausstellungshäusern, bei den Tourist Informationen im Hauptbahnhof und am Römerberg, der traffiQ-Verkehrsinsel an der Hauptwache und bei Frankfurt Ticket (z. B. Hauptwache B-Ebene).

Feste, Veranstaltungen, Messen

Neben den für ganz Deutschland geltenden Feiertagen ist in Hessen Fronleichnam ein gesetzlicher Feiertag.

Frankfurts **Stadtteilfeste** haben eine lange Tradition. Die Saison beginnt im April mit dem Frühlingsfest in Sossenheim und endet im Oktober in Nieder-Eschbach; als Höhepunkte gelten das Straßenfest in Alt-Höchst (Anfang Juli), das Straßenfest der Schweizer Straße (Mitte Juni) und das Sachsenhäuser Brunnenfest (Ende Aug.).

Fastnachtsfigur zum Fürchten

Lokale **Feste und Festivals** hat Frankfurt weit mehr als ein Dutzend anzubieten. Wer Lokalkolorit oder Weltstadtflair schnuppern will, hat etliche ganz unterschiedliche Ereignisse zur Auswahl:

Februar
Großer Frankfurter Fastnachtsumzug – mit 76 Vereinen und Verbänden, Ehrentribüne am Paulsplatz.
Fastnachtszug in »Klaa Paris« – Traditionsreicher und origineller Umzug am Faschingsdienstag in Frankfurt-Heddernheim. Zugweg unter www.www.zuggemein schaft.de.

März/April
Frühjahrs-Dippemess – Der Ursprung reicht bis ins 12. Jh. zurück, heute gibt es Kirmes pur mit Hightech-Fahrgeschäften sowie dem traditionellen »Dippemarkt« (Töpfermarkt mit Steingutwaren) auf dem Festplatz am Ratsweg. Das mit zwei Millionen Gästen besucherstärkste Volksfest im gesamten Rhein-Main-Gebiet dauert 14 Tage. Familientag (immer Do) mit halben Fahrpreisen. Jeweils um 22 Uhr am Anfang und Ende der Dippemess startet ein gewaltiges Höhenfeuerwerk.

Nacht der Museen – Neben den Ausstellungen in den Museen gibt es meist am letzten Aprilwochenende ein umfangreiches Rahmenprogramm. Kostenloser Shuttle-Bus-Service.

Mai

Radrennen **Rund um den Finanzplatz Eschborn–Frankfurt** – Die Weltklasse der Radler trifft sich am 1. Mai beim seit 1962 ausgetragenen Radklassiker (früher: Rund um den Henninger Turm). Eineinhalb Millionen Zuschauer an der Strecke von 190 km.

Freßgass'-Fest – Auf der Großen Bockenheimer Straße zwischen Börsenstraße und Opernplatz genießen die Besucher kulinarische Angebote »des gehobenen Geschmacks« und probieren das ein oder andere Glas Wein.

Grüne-Soße-Festival – Sieben mal sieben Gastronome wetteifern an sieben Tagen um die Kräuterkrone: Wer die beste Grüne Soße macht, entscheidet das Publikum. Mit wunderbar schrägem Rahmenprogramm unter der Regie von Anton le Goff und Timo Becker.

Wäldchestag – Am Dienstag nach Pfingsten feiern die Frankfurter ihren »Nationalfeiertag«. Bereits über Pfingsten findet im Stadtwald rund um das Oberforsthaus im Stadtteil Niederrad eine große Kirmes mit Fahrgeschäften und Unterhaltungsprogramm statt.

Internationales Frankfurter Drachenboot-Festival – Ende Mai werden am Museumsufer zwischen Friedensbrücke und Holbeinsteg die Dragonboats zu Wasser gelassen, mit exotischem Rahmenprogramm und internationaler Gastronomie.

Drachenboot-Festival auf dem Main

Hier dreht sich alles um den beliebten Apfelwein

Juni/Juli

Mittelalterlicher Markt – Gaukler, Spielleute und Handwerker bieten Brot und Spiele in der Innenstadt.

JP Morgan Chase Corporate Challenge – Europas größte Laufveranstaltung bewegt sich mit rund 75 000 Aktiven auf der 5,6 km langen Strecke durch die Frankfurter Innenstadt, über 100 000 Zuschauer verfolgen das Spektakel.

Apfelweinfest – Auf dem Römerberg wird an langen Holztischen das Frankfurter Nationalgetränk gefeiert.

Rosen- und Lichterfest – Ein Muss für Romantiker. Mit Tausenden Kerzen und viel Musik begeht der Palmengarten zum Abschluss der jährlichen Rosenschau sein größtes Fest mit abschließendem Feuerwerk.

Höchster Schlossfest – Seit über 50 Jahren wird in der historischen Altstadt von Höchst eine kulturell-folkloristische Großveranstaltung mit Konzerten und hochkarätigem Kabarett im Freien gefeiert.

Stoffel – Stalburgtheater Offene Luft – Hochkarätige Theater-, Musik- und Sketchabende im Günthersburgpark draußen und umsonst.

Opernplatzfest – Das kulinarische Sommerfest vor der Alten Oper ist aus dem Brunnenfest um den damals neu errichteten Lucae-Brunnen entstanden. Auf mehreren Bühnen gibt es dazu Merengue und Salsa, Mambo, Cha-Cha und Rumba sowie Rock, Funk, Blues und Soul.

Christopher Street Day – Ende Juli treffen sich nach New Yorker Vorbild Schwule und Lesben zu einem Umzug durch die Innenstadt mit großem Begleitprogramm.

Kultur und Kunst vom Feinsten: das Museumsuferfest im August

August

Mainfest – Das Innenstadt-Volksfest entstand aus der Tradition der Fischerfeste. Seit den Kaiserkrönungen im Mittelalter ist es Tradition, Feste in Frankfurts »Gudd Stubb« auf dem Römerberg zu feiern. Dazu gehören schon immer der »Ochs am Spieß« und »Wein aus dem Gerechtigkeitsbrunnen«. Höhepunkte sind das historische Fischerstechen auf dem Main und das große Abschlussfeuerwerk.

Bernemer Kerb – Die »Bernemer Kerb« (Bornheimer Kirchweihfest) gibt es seit 1608 und sie findet jeweils am 2. Wochenende im August rund um die Bernemer Johanniskirche statt.

Sachsenhäuser Brunnenfest – Das Brunnenfest in Sachsenhausen ist noch älter (seit 1490) und erinnert an die im Stadtgebiet vorhandenen Trinkwasserbrunnen. Mit großem Programm und Wahl der Brunnenkönigin.

Museumsuferfest – Das Highlight der Frankfurter Feste-Szene bietet Kultur und Kunst vom Feinsten mit Künstlern aus aller Welt. An beiden Ufern des Mains werden Kleinkunst, Varieté, Musik und Spezialitäten aus aller Welt präsentiert.

Frankfurter Apfelweinfestival – Direkt am Rossmarkt können Besucher bei einem bunten Bühnenprogramm verschiedene Apfelweinsorten probieren.

Main Matsuri – Das Japanfestival bietet ein breit gefächertes Bühnenprogramm und die Möglichkeit, Japan u. a. kulinarisch besser kennenzulernen.

September
Herbst-Dippemess – Ende September steigt auf dem Festplatz am Ratsweg das Gegenstück zur Frühjahrs-Dippemess.

Oktober
BMW Frankfurt Marathon – ältester City-Marathon Deutschlands, Ende Oktober.

Dezember
Weihnachtsmarkt – Ende November bis kurz vor Weihnachten drängt sich alles auf dem großen Weihnachtsmarkt in der Innenstadt und auf dem Römerberg.

Messen

Frankfurt ist Schauplatz von etwa 40 Messen im Jahr. Die wichtigsten sind:

Januar
Heimtextil – Internationale Fachmesse für Wohn- und Objekttextilien.
Paperworld – Messe für Papier, Bürobedarf und Schreibwaren.

Februar
Ambiente – Messe für den gedeckten Tisch, Küche, Hausrat, Kunsthandwerk und -gewerbe, Geschenkartikel, Schönes Wohnen.

Der Weihnachtsmarkt auf dem Römerberg ist alljährlich ein Erlebnis für die ganze Familie

Messe
Frankfurt

März
Musikmesse – Messe für Musikinstrumente und Noten, Musikproduktion und -vermarktung.
ISH – Internationale Fachmesse für Gebäude- und Energietechnik, Bad, Klima-, Lüftungstechnik.

April
Light & Building – Messe mit Ausstrahlung: Lichtspektakel und -Events in der ganzen Stadt.

Mai
Hair & Beauty – Treffpunkt und Trendmesse der Friseurbranche.

Juni
Achema – Messe für Chemische Technik, Umweltschutz und Biotechnologie (alle drei Jahre).

August
Tendence – Konsumgütermesse rund ums Wohnen und Schenken.

Oktober
Buchmesse Frankfurt – vgl. S. 185, 225.

November
Airtec – Zulieferermesse für die Luft- und Raumfahrt.

Festhalle der Messe bei Nacht

Das Megaspektakel ums Buch

FRANKFURTER BUCHMESSE

Frankfurt am Main, Hessen

Die Frankfurter Buchmesse ist die größte Veranstaltung ihrer Art weltweit. Sie findet jedes Jahr im Oktober an fünf Tagen auf dem Frankfurter Messegelände statt. Schon Ende des 15. Jahrhunderts, kurz nach der

Erfindung des Buchdrucks im nahen Mainz durch Johannes Gutenberg, ist erstmals eine »Büchermeß zu Frankfurt« urkundlich erwähnt.

Nachdem Leipzig der Mainmetropole den Rang abgelaufen hatte, musste nach der Teilung Deutschlands eine Alternative für die Verleger her. So gründete der Börsenverein des Deutschen Buchhandels 1949 die Buchmesse Frankfurt.

Im ersten Jahr fanden sich rund 200 Aussteller in der Paulskirche ein. Heute präsentieren mehr als 7000 Aussteller aus über 100 Ländern rund 400 000 Bücher und elektronische Produkte.

Jedes Jahr besuchen mehr als 280 000 Menschen die Buchmesse. War es früher eine rein kommerzielle Veranstaltung, hat die Messe heute auch eine kulturpolitische Bedeutung: Jedes Jahr stellt sie Kultur und Literatur eines Gastlandes oder einer Region in den Mittelpunkt. 2016 waren es die Niederlande und Flandern, 2017 war es Frankreich, 2018 Georgien und 2019 Norwegen. 2021 ist es Kanada und 2022 wird es Spanien sein.

Auf der Buchmesse trifft sich alles, was Rang und Namen in der Branche hat, von Autoren bis zu Agenten und Buchhändlern. In erster Linie wurde die Messe für Fachbesucher konzipiert, aber am Wochenende sind Publikumstage und Bücher dürfen auch verkauft werden.

In der ganzen Stadt gibt es Lesungen, Buchpräsentationen und weitere Veranstaltungen, Hotels und Restaurants schieben Sonderschichten. Höhepunkt der Messetage ist die Verleihung des Friedenspreises des Deutschen Buchhandels

Messegelände Frankfurt am Main – Schauplatz der größten und bedeutendsten Messe für Literatur der Welt.

am Buchmessen-Sonntag in der Paulskirche. 2017 wurde die kanadische Schriftstellerin Margaret Atwood ausgezeichnet, die Preisträger im Jahr 2018 waren Aleida und Jan Assmann, 2019 ehrte man den brasilianischen Fotografen Sebastião Salgado.

Info: Auf dem Messegelände in Bockenheim. **Info Frankfurter Buchmesse:** Ludwig-Erhard-Anlage 1, 60327 Frankfurt/Main, Tel. (069) 210 20, www.buchmesse. de, Öffnungszeiten: immer im Oktober, für Fachbesucher Mi–So, für private Besucher nur Sa 9–18.30, So 9–17.30 Uhr.

Grandiose Aussichten

Hinweise für Menschen mit Handicap

Behindertengerecht ausgestattet (mit ebenerdigem Zugang bzw. Rampe, entsprechender Türbreite, Aufzügen und rollstuhlgerechtem WC) sind Veranstaltungsorte wie die Alte Oper, der Große Sendesaal des Hessischen Rundfunks, die Festhalle und die Jahrhunderthalle, außerdem Schauspielhaus und Oper sowie die meisten Museen.

»Frankfurt begreifen« heißen die geführten Stadtrundgänge für Blinde und Sehbehinderte, die im Sommer angeboten werden. Auch im Winter gibt es einen solchen Rundgang, und zwar über den Frankfurter Weihnachtsmarkt. Unter ℰ (069) 21 23 03 98 werden auch Auskünfte über barrierefreie Stadtrundgänge gegeben.

Einen Stadtführer für Behinderte gibt die Stadt Frankfurt in Zusammenarbeit mit der Behindertenarbeitsgemeinschaft unter www.frankfurt-inklusiv.de heraus. Auch auf der Website www.cebeef.com findet man jede Menge nützlicher und aktueller Informationen.

Internet

Kostenloses WLAN ist an folgenden Orten verfügbar: auf dem Messegelände, am Flughafen (für 24 Stunden), in MyZeil, im Skyline Plaza (2 Stunden), im Hauptbahnhof (0,5 Stunden), in der Uni (nur für Universitätsangehörige und Studierende), in vielen Cafés, Restaurants, Hotels und der S-Bahn.

Frankfurter Reiseinfos findet man unter:
www.frankfurt.de
www.frankfurt-tourismus.de
www.kultur.frankfurt.de
www.journal-frankfurt.de
www.frankfurt-interaktiv.de

Notfälle, wichtige Rufnummern

Vorwahl Frankfurt ✆ 069
Polizei ✆ 110
Feuerwehr/Notarzt ✆ 112
Ärztlicher Notdienst ✆ (069) 192 92
Privatärztlicher Notdienst ✆ (069) 69 44 69
Zahnärztlicher Notdienst ✆ (069) 59 79 53 60
Drogennotruf ✆ (069) 62 34 51
Notdienst der Kinderärzte ✆ (069) 63 01 71 70
Bahnauskunft ✆ 018 05-99 66 33
Telefonseelsorge
– ev. ✆ 08 00-111 01 11
– kath. ✆ 08 00-111 02 22

Schon seit über 100 Jahren ist das Café Hauptwache ein beliebter Treffpunkt in der Frankfurter City

Fundbüro ✆ (069) 212-424 03
Fundbüro Flughafen ✆ (069) 69 06 63 59
Flughafen Information und Auskunft ✆ 018 05-372 46 36
Kartensperrnummern für EC-, Kreditkarten: ✆ 116 116

Presse

Von den drei in Frankfurt ansässigen Tageszeitungen gehört nur noch eine zu den meinungsbildenden Blättern mit bundesweiter Leserschaft: die großbürgerlich-konservative *Frankfurter Allgemeine Zeitung*. Die *Frankfurter Rundschau*, einst geistige Heimat der Linksliberalen, wurde 2013 vom Verlag der FAZ übernommen. Die dritte Tageszeitung der Stadt ist die gemäßigt konservative *Frankfurter Neue Presse* mit lokaler Leserschaft.

In Frankfurt residieren zudem u. a. die Redaktionen des monatlich erscheinenden Satire-Flaggschiffs *Titanic* und des Monatsmagazins *Öko-Test*. Zum führenden Stadtmagazin hat sich das *Journal Frankfurt* entwickelt, mit den jährlich erscheinenden Sonderheften »Frankfurt kauft ein« und »Frankfurt geht aus«. Weitere Stadtmagazine sind *Prinz*, *Frizz* und *Strandgut*.

Seit 1963 hat das Schauspielhaus Frankfurt seinen Sitz am Willy-Brandt-Platz

Sightseeing, Touren

Der Lucae-Brunnen vor der Alten Oper zur Weihnachtszeit

Bustouren

www.stadtrundfahrt.com/frankfurt-am-main
www.frankfurt-sightseeing.com
Am beliebtesten sind die **Hop-On/Hop-Off** Stadtrundfahrten, die täglich in neun Sprachen stattfinden. Die knallroten Doppeldecker fahren bei der Express Tour 13 Highlights der Stadt an, von der Paulskirche über den Palmengarten bis nach Alt-Sachsenhausen. Fahrgäste können an jedem Punkt ein- oder aussteigen. Die Tour dauert ohne Unterbrechung eine Stunde und kostet € 17/9 (unter 5 J. frei, online günstiger), Abfahrten tägl. 10–17 Uhr alle 20 bis 30 Minuten. Nach demselben Prinzip gibt es auch längere Touren mit mehr Stationen, so die Große Stadtrundfahrt und die Skyline Tour. Infos zu allen Touren auf den beiden oben genannten Websites.

Stadtrundgang

Täglich um 14 Uhr und von April bis Oktober zusätzlich um 11 Uhr startet der Stadtrundgang **»Frankfurts Neue Altstadt und weitere Highlights«**, der durch das

*Erste Orientierung schafft
ein Stadtrundgang*

neue DomRömer-Quartier führt, dazu den Römerberg, die Paulskirche und das Museumsufer auf der anderen Mainseite beinhaltet. Die Tour dauert eineinhalb Stunden und kostet € 15,90/12,72, Tickets und Start des Rundgangs bei der Tourist Information Römer, Details unter: www.frankfurt-tourismus.de/rundgang.

Zur Weihnachtszeit (ab dem ersten Adventswochenende) gibt es jeden Sonntag um 11.30 und 12.30 Uhr einen geführten Rundgang mit Besuch auf der Dachgalerie der Alten Nikolaikirche, von wo man den Weihnachtsmarkt gut überblicken kann (Ticket € 14/7).

Straßenbahn-Stadtrundfahrt

Der »Ebbelwei-Express« ist ein lokales Faktotum: eine bunt bemalte alte Trambahn, die feucht-fröhlich in 60 Minuten durch Frankfurt und Sachsenhausen rumpelt. Der »Express« bringt seine Gäste in die Innenstadt zum Römer oder dem Willy-Brandt-Platz, durchquert auf dem Weg zum Hauptbahnhof das bunte Bahnhofsviertel, dreht anschließend eine Runde Richtung Messeturm und Festhalle, bevor er auf die andere Mainseite nach Sachsenhausen wechselt, wo die berühmte Apfelwein-Meile von »Mainhattan« lockt. Überquert er dann den Fluss erneut gen Norden schließt sich am Zoo der Kreis der Rundtour. Während der über einstündigen Fahrt bleibt genug Zeit, bei Musik und Brezeln den original Frankfurter Apfelwein oder Apfelsaft ausgiebig zu genießen.

Der Spaß kostet € 8/3,50 (bis 14 J.). Neben dem Fahrvergnügen sind im Fahrpreis wahlweise eine Flasche Apfelwein, Apfelsaft oder Mineralwasser sowie eine

Tüte Salzgebäck enthalten. Fahrkarten gibt es beim Schaffner. Die Tram fährt am Wochenende zwischen 13.30 und 18.35 Uhr ab Haltestelle Zoo, samstags alle 40 Minuten, sonntags und November bis März alle 80 Minuten (℡ 069-21 32 24 25, www.ebbelwei-express. com). Für Privatfeiern kann man den Zug ganz oder abteilweise mieten.

Dampfzugfahrt am Mainufer

Ein oder zweimal im Monat fährt die historische Eisenbahn am Wochenende mit viel Getöse und Getröte auf den Gleisen der Frankfurter Hafenbahn am Mainufer ab Eiserner Steg Richtung Frankfurt-Griesheim (Westen) oder Richtung Frankfurt-Mainkur (Osten) und zurück (Sa 13–17, So 11–17 Uhr, stündlich). Am ersten und zweiten Adventwochenende (Sa/So) 13–17 Uhr jede volle Stunde. Abfahrt: Eiserner Steg und an der neu errichteten Haltestelle an der EZB, € 6/3. Fahrpläne, Sonderaktionen und weitere Infos: www.historische-eisenbahn-frankfurt.de/hafenbahn.

Panorama-Main-Schiffsrundfahrt

Die Primus-Linie (℡ 069-13 38 37-0, www.primus-linie. de) bietet kleine Rundfahrten zwischen Gerbermühle und Griesheim an, aber auch Tagesfahrten nach Heidelberg, Wiesbaden oder Seligenstadt und zur Loreley. April–Okt. tägl. 11–17 Uhr. Preise ab € 10,50/6, Abfahrt am Eisernen Steg.

Frankfurt kann man bei schönem Wetter auch vom Wasser aus kennenlernen

Bürger zeigen Fremden ihre Stadt
www.frankfurt-liebenswert.de
Mitglieder des »Freundeskreises Liebenswertes Frankfurt« zeigen Besuchern kostenlos ihre Stadt. Die Hobby-Führer machen Vorschläge und haben Spezialisten für fast jedes Themengebiet, je nach Angebot auch in Englisch oder weiteren Fremdsprachen. Anmeldung: info@frankfurt-liebenswert.de.

Verkehrsmittel

Neun **S-Bahn-** und neun **U-Bahn-Linien** verkehren zwischen den Stadtteilen und führen schnell und bequem ins Umland. Fahrplanauskunft an jeder Station, Auskunft beim Rhein-Main-Verkehrsverbund (RMV-Servicetelefon: ✆ 069-24 24 80 24, www.rmv.de). Fahrscheine gibt es nur an den Automaten (in Bussen auch beim Fahrer).

Zur Auswahl stehen das Einzelticket (€ 2,75 mit Umsteigemöglichkeit, Hauptverkehrszeit), das Tagesticket (€ 5,35) und das Gruppenticket (bis fünf Personen, € 11,50). Kinder bis 6 Jahre fahren kostenlos, bis 14 Jahre ermäßigt. Inhaber der **Frankfurt Card** (1 Tag € 10,50) haben freie Fahrt auf allen RMV-Linien im Stadtgebiet Frankfurt inkl. Flughafen.

Wichtigste Umsteigestationen sind Hauptwache, Konstablerwache und Hauptbahnhof. Etliche U-Bahn-

U-Bahn-Station Westend

Anfangs umstritten, heute beliebt: die historisierend nachgebaute Ostzeile auf dem Frankfurter Römer. Die Skulptur der Justitia auf dem Gerechtigkeitsbrunnen unweit der Alten Nikolaikirche ist ein beliebter Treffpunkt

Linien und Busse sind niederflurig ausgelegt, was den Ein- und Ausstieg mit Kinderwagen und Rollstuhl leichter macht.

Taxis stehen im Stadtgebiet an mehr als 70 Halteplätzen (✆ 069-23 00 01, 55 88 00). Im Sommer kann man sich im **Velotaxi** für € 4 pro Kilometer kutschieren lassen.

Mehr als 5000 **Leihräder** gibt es in Frankfurt und es kommen immer noch neue Anbieter dazu, von **Byke** (1000 türkise Räder, stationslos) über **Obike** (orangesilber), **Limebike** (grün-gelb) und **Nextbike** (blau) bis zum Marktführer **Call a Bike** (2600 rote Räder, die an einem der vielen Stationspunkte abgegeben werden müssen). Call a bike kostet eine jährliche Nutzungsgebühr von € 3 und € 1 je angefangene halbe Stunde (www.callabike-interaktiv.de).

Elektroroller sind bei folgenden drei Anbietern per App zu leihen (ab 14 J.): Trier (schwarz-türkis), Lime (silber-grün) und Circ (orange). Die E-Scooter dürfen nicht in Fußgängerzonen, auf Fußwegen oder Bürgersteigen gefahren werden. Eine Missachtung der Regeln wird mit einem Bußgeld von € 15 geahndet.

Mitfahrzentralen:

Mitfahrzentrale Frankfurt ➡ D5
Rossertstr. 8, Westend
✆ (069) 380 97 77 96 (keine tel.Vermittlung)
www.mitfahren.de
Günstig von und nach Frankfurt.

Schnell und günstig von Frankfurt zum Flughafen Hahn
Täglich verkehren mehrere Busse verschiedener Firmen in beiden Richtungen auf direktem Weg zwischen Frankfurt und dem Flughafen Hahn im Hunsrück. In Frankfurt hält der Bus am Hauptbahnhof und am Flughafen.

Die Fahrtzeit zwischen Flughafen Hahn und Flughafen Frankfurt beträgt ca. 1 1/2 Stunden, zwischen Flughafen Hahn und Frankfurt Hauptbahnhof ca. 1 3/4 Stunden. Haltestellen mit Abfahrtszeiten sowie Fahrpreise findet man u. a. unter: www.omnibusse.bohr.de; weitere Informationen zum Flughafen Hahn unter: www.hahn-airport.de. ∎

Textnachweis

Die Texte zu den Streifzügen durch den Rheingau und den Taunus stammen von Lilly Nielitz-Hart.

Bildnachweis

25hours Hotel The Goldman/Stephan Lemke: S. 139 u.
Alte Oper Frankfurt/Norbert Miguletz: S. 121; Tibor Pluto: S. 173
Archäologisches Museum Frankfurt/Uwe Dettmar: S. 218
Bad Nauheim Stadtmarketing und Tourismus GmbH/ Winfried Eberhardt: S. 62, 63, 64
Batschkapp Bildarchiv, Frankfurt am Main: S. 161, 162
Café Größenwahn, Frankfurt am Main: S. 148
Café Wunderbar, Frankfurt-Höchst: S. 43 o.
Caricatura Museum Frankfurt/Britta Frenz: S. 112 u.; Ruth Hebler (aus Beste Bilder – Band 10, 2019): S. 112 o.
Deutsche Börse, Frankfurt am Main: S. 3 r., 16, 123
Deutsches Architekturmuseum, Frankfurt am Main/

Moritz Bernoully: S. 104; Thomas Riehle: S. 105
Der Rettershof, Kelkheim: S. 55
DFF, Frankfurt am Main/Uwe Dettmar: S. 26, 106; Sabine Imhof: S. 189
Eat Doori, Frankfurt am Main: S. 149
Experiminta, Frankfurt am Main/Uli Planz: S. 2 r., 188
Filmagentur Rheingau/Woody T. Herner: S. 77
Fotolia/Branko Srot: S. 72; City Country Media: S. 82; esra crugnale: S. 117; iC. Schiller: S. 70; Jacinda Richman: S. 83; mojolo: S. 19, 67; photosite: S. 48; pure life pictures: S. 46, 84, 131
Frankfurt Tourismus visitfrankfurt/Holger Ullmann: S. 1, 17, 22, 86, 177
Frankfurter Hof, Frankfurt am Main: S. 137

Frankfurter Kunstverein/Norbert Miguletz: S. 120 l., 120 r.

Freilichtmuseum Hessenpark GmbH, Neu-Anspach: S. 195

Gekko Group, Frankfurt am Main/Gerbermühle: S. 140

Geldmuseum der Deutschen Bundesbank, Frankfurt am Main/Frank Rumpenhorst: S. 113

Gewürz- und Teehaus Schnorr & Co. GmbH, Frankfurt am Main: S. 182

Hannah Glaser, Winnweiler: S. 12 u.

Horst Goebel, Hünstetten-Görsroth: S. 73

Hessisches Landesmuseum Darmstadt: S. 85

Historisches Museum Frankfurt/Chris Buck: S. 114 u.; Stefanie Kösling: S. 190

Hotel Imperial Novum Frankfurt: S. 139 o.

Hotel Palmenhof, Frankfurt am Main: S. 138

iStockphoto/amoklv: S. 25 u.; Bernd Wittelsbach: S. 36; Frank Wagner: S. 3 Mitte, 128; Fredo Leal Guerrero: S. 40; Instamatics: S. 124 l.; Jarek: S. 74; Jeremy Edwards: S. 233; Meinzahn: S. 8 r., 133, 152, 179 u., 199, 215, 225; ollo: S. 71; picturetravels: S. 101; querbeet: S. 2 Mitte Mitte; Rolf Dieter Pfeiffer: S. 219; Sack: S. 31, 33; saiko3p: S. 9; Sborisov: S. 21; Sean Pavone Photo: S. 13; sharrocks: S. 6/7; Thorsten Harries: S. 229; Tokle: S. 75 o.; WittelsbachBernd: S. 2 l., 213

JWG Johannisberger Weinvertrieb KG: S. 78 u.

Kameha Suite, Frankfurt am Main: S. 165

Kinder- und Jugendtheater Frankfurt, www.kijutheater.de: S. 192

Kloos Design, Geisenheim: S. 78 o.

Leitz-Park, Wetzlar: S. 65

Literaturhaus Frankfurt/Sebastian Schramm: S. 129

Mario Lohninger, Frankfurt am Main/Martin Joppen: S. 145

Long Island Summer Lounge, Frankfurt am Main: S. 160; Nikita Kulikov: S. 100

MainAeppelHaus, Frankfurt am Main: S. 102

Main Tower Restaurant & Lounge, Frankfurt am Main: S. 150

Markenkuss, Frankfurt am Main: S. 153

mauritius images/Alamy: S. 35; Westend61: S. 80

Messe Frankfurt GmbH: S. 134, 224 o.; Pietro Sutera: S. 224 u.

Meyer Catering & Service GmbH, Frankfurt am Main: S. 144

Michis Schokoatelier, Frankfurt am Main: S. 184

Rainer Molitor: S. 76

Motel One, Frankfurt: S. 142

Christian Müringer, Niedernhausen: S. 75 u.

Museum Angewandte Kunst, Frankfurt am Main/Anja Jahn: S. 108

Museum für Kommunikation, Frankfurt am Main/ Thomas Gessner: S. 110

NOVUM Hospitality, Frankfurt am Main: S. 139 o.

Oosten, Frankfurt am Main: S. 98

Oper Frankfurt/Barbara Aumüller: S. 171

Orfeos Erben, Frankfurt am Main: S. 146; Ernst Strat-

mann: S. 147 o.

Palmengarten der Stadt Frankfurt: S. 37

PIA Stadt Frankfurt am Main/Tanja Schäfer: S. 25 o., 127

Restaurant Emma Metzler, Frankfurt am Main/Sonja Schwarz: S. 143

Restaurant Medici, Frankfurt am Main: S. 147 u.

Römerkastell Saalburg/Gregor Krisztian: S. 47

Rüdesheim Tourist AG/Marlis Steinmetz: S. 79, 81 o., 81 u.

Die Schmiere, Frankfurt am Main/Thomas Kiessling: S. 174

Andreas Schulz, Köln: S. 8 l., 38, 122, 154, 179 o.

Shutterstock/Andreas Marquardt: S. 41; Artisitc Views: S. 198; Circumnavigation: S. 118; Claudio Divizia: S. 39; daniel.explores: S. 89; eugeniusro: S. 169; f11photo: S. 23; Firn: S. 30; Frank Wagner: S. 34; g215: S. 18; GenOMart: S. 20; gjee: S. 124 r.; gopixa: S. 136; Goran Vrhovac: S. 15; Gordon Bell: S. 232; J. Lekavicius: S. 4 Mitte, 180; Kittyfly: S. 95; Lukassek: S. 32; mapman: S. 223; Moskwa: S. 126; ms_pics_and_more: S. 194; Paolo Gianti: S. 168; photobeginner: S. 99; Pradeep Thomas Thundiyil: S. 217; Rainer Lesniewski: S. 4 o. r., 201; RossHelen: S. 4 o. l., 156; Sergio Delle Vedove: S. 103; ShutterDivision: S. 24; Sina Ettmer Photography: S. 45; trabantos: S. 125; travelview: S. 132, 207; VanderWolf Images: S. 224; Vytautas Kielaitis: S. 216; Werner Spremberg: S. 94

Sofitel Frankfurt Opera/Peter Krausgrill: S. 4 u.

Stadt Alsfeld: S. 66, 68; Astrid Hall Photography: S. 69

Stadt Frankfurt am Main/Sportamt: S. 205

Stadt Kelkheim/Wolfgang Pfankuch: S. 54

Stadt Schwalbach: S. 59, 61

Stadtarchiv Stadt Schwalbach: S. 60

Städel Museum, Frankfurt am Main: S. 27

Struwwelpeter Museum, Frankfurt am Main/Uwe Dettmar: S. 191 l.

Taunus Touristik Service e.V., Oberursel: S. 49 o., 49 u., 50, 51, 52, 53, 56, 57, 58

The Pure, Frankfurt am Main: S. 141

Tigerpalst, Frankfurt am Main: S. 175

Tourismus + Congress GmbH Frankfurt am Main/ www.frankfurt-tourismus.de/Torsten Krüger: S. 3 l., 159, 222; Karola Neder: S. 44

Holger Ullmann, Frankfurt am Main: S. 90, 151, 166, 176, 187, 196, 202, 203, 220, 221, 226, 227, 228, 230, 231

Isabelle Winkel, Frankfurt am Main: S. 91, 92, 93, 96, 97

VISTA POINT Verlag (Archiv), Rheinbreitbach: S. 12 o., 28 l., 28 r., 111, 191 r., 208, 209 o., 209 u., 210, 211

Wikipedia (GFDL 1.2)/Eva K.: S. 42/43, 116, 119, 200; KS aus F: S. 212; Mylius: 115, 135 u.; Wikipedia (CC BY-SA 2.0-de)/Selbstverlag Frankfurter Goethemuseum: S. 114 o.; Wikipedia (CC BY-SA 3.0)/ArcCan: S. 135 o.; Dontworry: S. 29, 130 u., 167; Fjha: S. 163; Joachim Hensel-Losch: S. 130 o.; Jürgen Heegmann: S. 109; Popie: S. 107

Zum Gemalten Haus, Frankfurt am Main: S. 158

Titelbild oben: Moderne Hochhäuser im Geschäftsviertel (Foto: iStockphoto/bluejayphoto)
Titelbild unten: Panoramablick auf die Landschaft von Rheingau und Taunus (Foto: iStockphoto/ollo)
Umschlagrückseite: Die Alte Oper (links/s. S. 8 o.), Die Frankfurter Zeil (Mitte/s. S. 179 u.), Großer Feldberg (rechts/s. S. 49 o.)
Schmutztitel (S. 1): »Bembel« auf der Dippemess im Frühjahr
Seite 2/3/4 (v. l. n. r.): Europäische Zentralbank im Ostend, der Gerechtigkeitsbrunnen auf dem Römerberg, Kugelbahn im Experiminta; »Bembel« und Frankfurter Würstchen, Stadtpanorama, Parkett der Deutschen Börse Frankfurt; Außengastronomie am Mainufer, Einkaufszentrum Skyline Plaza, Naturschutzgebiet Schwanheimer Düne; Dachterrasse des Sofitel Frankfurt Opera (u.)
Seite 8/9: Die Alte Oper (S. 8 o.), Brückenkopf des Eisernen Steges (S. 8 u.), Palmengarten (S. 9)

Konzeption, Layout und Gestaltung dieser Publikation bilden eine Einheit, die eigens für die Buchreihe der **1000 Places To See Before You Die-City/Regio Guides** entwickelt wurde. Sie unterliegt dem Schutz geistigen Eigentums und darf weder kopiert noch nachgeahmt werden.

Mit Textbeiträgen aus »1000 Places To See Before You Die – Deutschland · Österreich · Schweiz« von Die Journalisten, Tina Hoffmann, Horst Schmidt-Brümmer und Christian Schnohr.

 Unser/e Autor/in hat diese Ausgabe während der Corona-Pandemie recherchiert. Aufgrund der Pandemie kann es zu veränderten Öffnungszeiten und Zugangsbeschränkungen sowie Schließungen kommen. Wir bitten dies zu entschuldigen!

© 2020 VISTA POINT Verlag GmbH, Rolandsecker Weg 30, D-53619 Rheinbreitbach
Alle Rechte vorbehalten
Reihenkonzeption: Andreas Schulz & VISTA POINT-Team
Aktualisierung: Angelika Ryschawy
Bildredaktion: Kathrin Fäller
Lektorat: JB Bild|Text|Satz
Layout und Herstellung: Britta Wilken
Reproduktionen: Henning Rohm, Köln; Noch & Noch, Datteln
Kartographie: Berndtson & Berndtson Productions GmbH, Fürstenfeldbruck; Huber Kartographie GmbH, Unterschleißheim
Druckerei: Florjancic tisk d.o.o., Slowenien

ISBN 978-3-96141-542-7

An unsere Leser!
Die Informationen dieses Buches wurden gewissenhaft recherchiert und von der Verlagsredaktion sorgfältig überprüft. Nichtsdestoweniger sind inhaltliche Fehler nicht immer zu vermeiden. Für diese übernimmt der Verlag keine Haftung. Für Ihre Korrekturen und Ergänzungsvorschläge sind wir dankbar.

VISTA POINT Verlag
Rolandsecker Weg 30 · 53619 Rheinbreitbach
Telefon: +49 (0)2224/7795-0 · Fax: +49 (0)2224/7795-100
info@vistapoint.de · www.vistapoint.de · www.facebook.de/vistapoint